命理生活新智慧・叢書 102

生辰八字一把罩

金星出版社 http://www.venusco555.com
E-mail: venusco555@163.com
法 雲 居 士 http://www.fayin777.com
E-mail: fayin777@163.com

法雲居士◎著

金星出版

國家圖書館出版品預行編目資料

生辰八字一把罩／法雲居士著，
--臺北市：金星出版：紅螞蟻總經銷，
2011年6月 初版；面；公分—
（命理生活新智慧 叢書；102）

ISBN: 978-986-6441-45-5 （平裝）

1.命書 2.生辰八字

293.12 100006122

生辰八字一把罩

作　　者：法雲居士
發 行 人：袁光明
社　　長：袁靜石
編　　輯：王璟琪
總 經 理：袁玉成
地址：台北市南京東路3段201號3樓
電話：886-2--25630620‧886-2-2362-6655
FAX：886-2365-2425
郵政劃撥：18912942金星出版社帳戶
總 經 銷：紅螞蟻圖書有限公司
地　　址：台北市內湖區舊宗路二段121巷28‧32號4樓
電　　話：(02)27953656(代表號)
網　　址：http://www.venusco555.com
E-mail　：venusco@pchome.com.tw
venusco555@163.com
法雲居士網址：http://www.fayin777.com
E-mail　：fatevenus@yahoo.com.tw fayin777@163.com
版　　次：2011年6月 初版
登 記 證：行政院新聞局局版北市業字第653號
法律顧問：郭啟疆律師
定　　價：400 元

行政院新聞局局版北字業字第 653 號
(本書遇有缺頁、破損倒裝請寄回更換)

ISBN：978-986-6441-45-5 （平裝）

序

『生辰八字一把罩』這本書，從書名的意思上來看，就會受到一些人士的批評，認為是違反自然原則的事情。但是卻不會有人反對那些政治精英、富豪大亨、聖賢宿儒都是生在好時辰的吧！既然如此，這些反對的人士就會產生一些矛盾，他們到底是不希望自己的子女生在好時辰？還是不希望別人的子女生在好時辰呢？

從歷史的經驗裡，我們很容易發現到，命格的好壞和生辰的時間有密切的關係。命格的高低又和誕生的環境有密切的關係。這也就是古代封建制度下，帝王家、官家永享富貴、高知識文化。而尋常百姓永遠在清苦的生活中與低知識文化水平裡輪迴的原因了。當然某些人也可以考舉進陞進入官宦的行列，這是多麼的不容易，千萬人中選一。而這種人，所必備的條件中，生辰八字就是最先具備的利器了。

生辰八字一把罩

在現今的社會中看似一切民主、自由。但是社會的階級層面是依然存在的。那些為官的、高級政府公務員、大企業的首腦人物、精明富有的商人所生活的層面，與日日辛苦勞碌的上班族、無殼窩牛、錙銖必較的市場小販來相較，是不是有明顯的不同呢？

因此，不管時代是如何在轉變，社會的基本型態仍然是變化不大的。人若想要進步，想要打破這個既定的規則性，進入更高一層的社會階級型態裡，唯有靠自己奮發圖強的力量。而這種奮發的力量卻是要靠與生俱來的原動力，就是命格本身所組成的原因。而命格的組成就要靠時間的因素，也就是生辰的時間問題來推動，才會水到渠成。

我們常聽到某某人苦學有成，像李遠哲先生獲頒諾貝爾獎金、張忠謀先生創立了台積電、施振榮先生創立了宏碁電腦等等，在這些人的命格中是必具備會唸書的『陽梁昌祿』格和極具奮鬥意志力的『暴發運格』，才會創造出高人一等的事業與成就出來的。而無論是會唸書的『陽梁昌祿』格或者是堅強奮鬥意志力的『暴發運格』，皆需靠生辰的

生辰八字一把罩

『時間十字標』恰恰好標在那一個宇宙空間裡，也就是靠年、月、日、時所交會時所放出來的閃電光芒。

這樣說，你一定會覺得這似乎太神了！不然你找一個作奸犯科的監獄犯的命格來看，他們就無法同時具有這些完美的命格，並且是凶煞的命格比比皆是。

我一向主張，想要做父母的人，要在自己運氣好的時候，再生育子女。不要糊里糊塗的生養子女，這是『計劃生育』的大前題。自己運氣好的時候所孕育的子女福厚，能得到父母旺運的福蔭。一生的運程順利快捷。人窮的時候、倒霉的時候、煩悶鬱卒的時候都不能孕育子女。不然所生育出來的子女，也延續了父母窮酸潦倒的運途。我們可以從很多社會新聞中看到，許多受虐兒、棄養兒、逃家兒皆是在這種狀況下產生的。不但小孩子痛苦、大人也痛苦，做出殘忍的事情來。

目前社會亂象時起，青少年的問題很嚴重，弒親、飆車、殺人、搶劫，很多都是在未滿十八歲的未成年的少年所為。為什麼會產生這麼

生辰八字一把罩

多的問題少年？很多人歸疚於教育的問題上。但是大家有沒有想過？某些人天生就是很難接受正規的社會體制，也很難教化成功的。具有好命格的人，在正規的社會體制中很容易得到尊敬，並且出人頭地。具有邪佞命格的人，只有譁眾取寵，做一些驚世駭俗的動作，才能得到別人的注意。而這些人聚集在一個為人不恥，橫街鼠竄的社會層次裡，最終於還是會成為人渣，掉落在社會最下級的層面裡。

因此，每一個想為人父母的人，其實負有很大的責任。不只是傳宗接代的責任、教育子女的責任、還負有極大的社會責任。與其生一個危害自己、危害社會的小孩，為什麼不計劃生育一個孝順自己、勤奮做人的子女呢？當然！這些問題少年的父母們當初是絕對想不到自己糊里糊塗種下的因果，竟會是如此這般的害人之物的。

人『生辰』的時間，決定命格的形成。命格又決定了人一生的成敗、運途與成就。其實人在『受孕』與『出生』的那一剎那，就已然決定了一生的命運。

很多父母很疼愛子女，想給他財富、享受，給他智慧，給他一切世間最美好的東西。父母挖盡心思、腦汁要把自己所擁有的一切美好之物贈與子女。但是真正最珍貴、最富足、最平安祥和、一生快樂幸福的『好命』，你為何卻吝嗇不給他呢？這根本就是你做得到，卻沒有用心去做的事呀！事後卻又再來彌補，取王永慶的名字，讀李遠哲讀過的學校，搬到李登輝總統祖厝旁去居住。試問亡羊補牢，能補幾許？

因此，有智慧的父母，就應該一針見血的找到真正能幫助自己，找出能對子女有益的關鍵性、決定命格的方法——那就是好好研究『生辰八字』，為子女找一個好的生辰八字，這才是一勞永逸、歸根結底的，創造新時代、高成就人物的真正秘方。不要讓子女一開始就輸在命運的起跑點上。

法雲居士　謹識

命理生活叢書102

生辰八字一把罩

目錄

第一章 生辰八字決定人一生的成敗

『生辰八字』的『十字標的』是新星球的生命體

出生時辰是決定命格的關鍵，人自呱呱墮地開始，一生的貴賤、財富、貧困、賢愚、善惡，便已然決定了。生辰八字就是其最清楚的記錄。

每一個人自出生之始，呱呱墮地，便在宇宙間留下一個十字標記，那就是我們中國人稱之為『生辰八字』的東西。『生辰八字』包括了『年、月、日、時』四種人肉眼瞧不見的宇宙線所形成交會形態的一個交會點，這個交會點也就是一個『十字標記』。

『生辰八字』的『十字標記』同時具有很多意義。第一、代表一個生命出現在宇宙之間。彷彿一個新的星球誕生一般，開始了生、老、病、死的次序演進。**第二**、代表了一個生命物體的運行方向。人有大運逆時針運轉與順時針運轉的自然規則。這和宇宙中的星球也有順轉、逆轉之分是有異曲同功之義。因此人之命運也各有不同。**第三**、若把『生辰八字』的十字標記視同一個星球球體，它和其他星球會形成不同的角度問題，這些不同的角度有些會形成『合』、『照』，有些則會形成『刑』、『剋』。好的角度所形成的『合』、『照』，和壞的角度所形成的『刑』、『剋』，同樣會對人的一生產生極大的影響力，也會影響到『生辰八字』的『十字標的』繼續存在、強大，或受到傷害而消失死亡。**第四**、『生辰八字』的『十字標的』同時也代表了人一生的福祿、享用、智慧、傳承、付出、成就等等的訊息。

『出生時辰』決定生命的存續與滅亡

『出生時辰』的年、月、日、時所形成的『生辰八字』的十字標，就像人身上的細胞或DNA一樣，倘若受到剋害或生長不完全（同樣是生辰八字不好）就會在出生後無法存活而死亡。

相對的，生辰八字很強壯、刑剋少的就能存亡延續下來。

這個狀況，我們可以從很多無法存活的早產兒命盤中可以發現到。而那些健康活潑的嬰兒命盤中也絕對具有強壯的因素。年、月、日、時所組成的生辰八字。八個字之間亦絕對有相合、相照的優良條件，這就是決定生命存活的優良條件了。

生辰八字一把罩

『出生時辰』決定人一生行運的方向

人出生以後，即開始行運。所謂『行運』，就是開始歷經生命在存活期間所發生的一切有關順利、波折的大小事件。

人一生的運氣好壞，完全是靠出生的時間來控制方向的。例如陽年生的男性，與陰年出生的女性在行運方式上是順時針方向運行的。而陰年出生的男性與陽年出生的女性在行運方式上是逆時針方向運行的。

【陽年】是指年干為甲、丙、戊、庚、壬年。

【陰年】是指年干為乙、丁、己、辛、癸年。

通常子（鼠）年、寅（虎）年、辰（龍）年、午（馬）年、申（猴）年、戌（狗）年為陽年。

而丑（牛）年、卯（兔）年、巳（蛇）年、未（羊）年、酉（雞）年、亥

（豬）年為陰年。

某些人在自己所屬的命盤格式中，大運順轉較順利。某些人則要逆轉才會順利。這完全看你是出生在何種年干支而決定的，自己無法更改。因此也造成人類命運各有不同。行運的好壞及順利度，關係著人一生的命運前途，生活的難易度，因此也是十分重要的一環。關於這方面的分析，會在後面的章節中提到。

『出生時辰』決定人一生所受刑剋的多寡與深度

人在一生中所會遭受的刑剋有很多的種類，舉凡不順、相逆、不合、傷害的狀況都屬刑剋的範圍。

人有與父母、長輩、兄弟、配偶、朋友、子女、部屬等六親不合的刑剋。

人有傷災、血光、運氣不順、病災、生氣、脾氣暴躁、鬱卒煩悶的刑剋。人還有錢財不順、窮困、事業無法開展、運氣受阻、沒有貴人相助的刑剋。

人更有智慧上的刑剋、考試讀書不順利或有精神疾病、腦病變等等。亦有身體上的刑剋，形成傷殘現象。

以上種種都是由『出生時辰』所形成的命理格局所包含在內，涵蓋了所有人一生的幸與不幸。刑剋大的會失去生命、傷災嚴重。刑剋小的會破財招災、事業與心境鬱悶，讓人頻嘆嗚呼！

『出生時辰』決定了人一生的福祿、享用與成就

『出生時辰』所排列出的命理格局中，涵蓋了人一生的經歷，當然也包括了賺多少錢，財富有多少，自己享用有多少，享不享受得到（這屬於福德宮的範圍）。一生的事業成就有多高（這在官祿宮中會展現）、智慧有多高、會不會對別人及社會做有意義的事等等，一切你所想知道的問題。

命格中有『陽梁昌祿』格的人，一生會有較高的教育程度與文化水準、事業

生辰八字一把罩

成就也會極高。就像目前社會上名氣響亮的政府高官、大企業的領導人物，無一不是具有這種『陽梁昌祿』格的人，要具有『陽梁昌祿』格，出生的時辰就是唯一所具備的條件了。

倘若你現在仍然是籍籍無名的薪水族，日日努力卻沒有任何關係可以牽爬升官的上班族，每日辛苦賺取蠅頭小利的商人，那麼趕快利用你的智慧，好好的排一下時辰，生育養育一個具有『陽梁昌祿』格的小孩，那麼光宗耀祖、富貴榮華舉日可待！這是唯一不受別人鉗制，別人也干涉不了的辦法了！

『出生時辰』決定了人一生的家庭幸福與否

『出生時辰』的關鍵點，月柱干支在八字學上代表妻柱。與日干支產生刑剋時，家庭中婚姻關係是不順利的。我們再以紫微命盤中的夫妻宮來看，也會受到剋害與不順。而時柱干支代表子息，在與日干彼此產生沖害時，也會有與子女不合的狀況產生。這在紫微命盤中的子女宮中也會發現有煞星侵臨的狀況產生。因此在『出生時辰』的要素裡，『年、月、日、時』等每一個點和線，都會交集成一個面，這個面就是我們的家庭，就是我們生長、所處的環境。任何一小點瑕疵，都會影響到我們一生命運的祥和及家庭的幸福，這是不能不予重視的。

『出生時辰』也會影響到父母的感情與婚姻關係

『出生時辰』會影響到父母的感情與婚姻關係，這個問題我在早先的文章裡面也談到過這個問題。『太陽陷落坐命』的人，與父親緣薄，有父早逝的問題。『太陰陷落坐命』的人，與母親緣薄，有母早逝的問題。此外父母宮不佳者，如有破軍、貪狼、七殺等星的人，本身與父母親的關係不佳。也會有感情惡劣或有多次婚姻紀錄的父母親，造成家庭不幸的情況。這種狀況並不一定是剛出生的小孩所造成的。而是他剛好不巧生在這個時辰，進入這個不幸的家庭中罷了。

因此我們若想要維護整個家庭中的祥和、幸福，實在不能不注意每個即將誕生在我們家庭中的小寶貝的出生時辰。實在不能不重視他進入這個世界，進入我們家庭中的重要時刻了。

『出生時辰』決定人的賢愚優劣與身體智能的殘障狀況

『人的賢愚優劣』主要是指人的性格方面是善良或是殘暴，是溫和謙恭或是陰險毒辣。不好時辰出生的人，在命宮三方四會的地方，多煞星聚集，彼此照會影響。此種人不但幼年時代很難接受長輩的教育，長大後也易走入邪佞之途，危害他人。林口一對夫妻為其子夥同外人所殺，這個弒親的兒子林清岳就是這種不良時辰出生的不良命格的人。此人說：一年前即開始策劃殺害父母。其陰險毒辣的手段令人髮指。

通常命宮中有擎羊星的人特別有陰險的計謀，有陀羅星的人次之。而命宮中的擎羊星照會三合四方宮位的煞星少時，反而能助長其人的成就，這是『化煞為權』的一種型態，許多政治人物的命格中都會出現此種現象。但是命宮為殺星、煞星居陷坐命，或是空宮坐命的人，三合四方宮位的煞星相照得多時，此人不但沒有能力成就事業，只會是個鼠輩敗類，不但會危害外人，有時也會殺害、傷害自家人。

子女的生命為父母所給予的，父母若在自己運氣不好的時候，很容易生下『**命裡帶煞**』的小孩。很多父母都是在糊里糊塗的狀況下生下小孩，長大後不好教養，再來求神問佛，此時真是為時已晚了。倘若再生下危害父母、家人的小孩，豈不是形成自作孽的因果。因此我再一次呼籲為人父母的人，一定要『計劃生育』！注意子女的『生辰八字』的問題。

『**人會發生殘障**』**的狀況也是一樣的**，其人在命宮三合四方之位有煞星來刑剋，**這些狀況在我的另一本書《紫微改運術》中有詳細的分析**。讀者可以參考。

生辰八字一把罩

若讀者家中有殘障的小孩，也可察看其命盤格局，就會發現這個道理了。

『出生時間』決定了人的一生大小事件。命理格局好的，可以做人上人，為龍為鳳，受人景仰，富貴榮華，生活輕鬆愜意。命理格局不佳的人，永遠在社會的金字塔底端，庸庸碌碌，像螞蟻一樣亂竄。

很多人並不瞭解，為什麼那些高高在上，為官的、富有的、高知識文化的人，與一般小老百姓有什麼不同？但是他們卻又不諱言，彼此果真有差距，有階級之分。生活型態也不一樣。很多人認為這是受教育的結果，只要有高學歷便能爬上高階級。但是要有高學歷也必須要有高命格才能走上這條路，有高命格就必須生在好時辰！

生在好時辰，又必須是父母給的，因此父母的責任是不是很大呢？

因此奉勸天下為人父母的人，為人為己，唯有『計劃生育』多製造善良命格的人，才能為自己和全人類帶來幸福。千萬不要再糊里糊塗的為別人或為自己帶來麻煩和災難了。

第二章　對家庭、社會有用的人如何形成——如何訂做一個乖小孩

每個父母都希望能得到自己夢想中的乖小孩。利用紫微命理來計劃生育就是唯一有效的辦法。試試看！物超所值！

很多人看到這一章節的題目：『**如何訂做一個乖小孩**』，都會發出略帶疑惑的會心微笑。的確，訂做一個乖小孩是每一個父母的心聲，但是真的可能嗎？又怎麼訂做呢？

的確可能！要訂做也不難！

你是不是常聽說很多朋友想要一舉得男，而到處尋找一張常刊在農民曆上的

生辰八字一把罩

『清宮生男生女法』的秘方圖表。並且按照月份來受孕生育，以求得子。既然你連這麼鄉野傳訛的秘方都能輕信了。那麼現在告訴你一個正正經經、規規矩矩，需要運用自己的智慧來選擇、來演算、來好好規劃的學問，你又為何要懷疑而放棄不用呢？這是不是極為可惜的呢？！

要訂做父母心中的乖寶寶，首先要認清自己心中『乖寶寶』的意義。也就是說你自己的心目中到底是喜歡一個什麼樣的『乖寶寶』來做為你的子女。這樣說起來，條件就一定很多，但大致總脫離不了乖巧呀！不會隨便鬧脾氣、聽話、孝順，自己會唸書，不用父母管，長大以後事業有成就，又會照顧父母等等。

上述這些條件都完全是以一個做父母的心態來談的心目中『乖寶寶』的條件。有些父母要的更多，他要子女財富多，權傾當朝做大官，或是做一個科學家、藝術家等『專家』輩份的人。但是各位父母親大人們，請不要忘了，不管你想要求的是什麼樣的子女，你都必須先要付出很多很多的智慧與辛勞，才能造就子女一生的豐功偉業。因此在你要求的同時，也必須估量自己本身的能耐與條件，是不是做得到為子女犧牲奉獻、做牛做馬、勞苦功高的這麼一對偉大的父母。倘若做得到！那要恭喜你了！你的子女有福了，你也有福了。你們一家人是一定可以得到富貴人生的人。倘若做不到為子女犧牲奉獻這一點，縱然你再為子女選到好時辰，子女的成就也是會打折扣的。也許並不能達到你心目中那麼高的境界。這個問題在很多命格中有『天梁陷落』命格的人，無法得到父母良好的照顧，官運也差，一生命運歷程中有最直接而清楚的展現。

現在我們就來看看各種不同條件下命理格式的形成：

第一節　性格好與父母有緣的命格

大家都知道，命宮『主星溫和』的人，都是性格溫和、好脾氣的人。其中首推天同坐命的人，脾氣最好。其次尚有太陽坐命、太陰坐命、天相坐命的人。像紫微坐命、天府坐命的人，是外貌沈穩也屬溫和，但內在脾氣倔強的人。

此外雙星坐命的人中，同陰坐命、機陰坐命、陽巨坐命、陽梁坐命、紫相坐命、紫府坐命、廉府坐命、廉相坐命、武府坐命，也都脾氣不錯。

一般來說，人在走旺運，或『命宮主星居旺』時，都會有溫和的脾氣與個性。人在倒霉走弱運，或者是命宮主星居陷時，又逢煞星或流年煞星相照侵入時，其人的個性與脾氣才會暴躁不穩定。

而命格中有許多『堅強星曜』的人，如武貪坐命、廉殺坐命、武破坐命、廉破坐命的人，只要逢到旺運時期，或者是命宮的四方三合地帶的煞星少，在一般的時日中，也會性格溫和，沒有什麼脾氣的。

倘若你真正要尋找『性格溫和』的人，那天同坐命、太陽坐命、太陰坐命與天相坐命的人，就是最佳的選擇了。

會孝順父母的命理格式

要尋找會孝順父母的命理格式的人，首先要看此人與父母有沒有緣份。這是很重要的一環。與父母無緣的人，其人命格中的父母宮裡會有煞星存在，或者是空宮無主星，形成弱宮，這都是形成沒有『父母運』及『長輩運』的狀況。他們也得不到父母及長輩的良好照顧，並且會與父母情感淡薄，不是早早離家，就是與父母相處惡劣。當然就更別指望他會孝順父母了。

父母宮中有天梁居旺的人、太陽居旺的人、太陰居旺的人、天同居旺、天相居旺的人，是最會孝順父母的人。他們也得到父母很多的關愛。

有關『孝順』一詞，其實是非常具有爭議性的。天下沒有人會說自己是不孝順的人。社會新聞中說，有一個女兒自美國回台，去敲母親家的門，敲了好幾天，最後請人打開一看，才發覺母親已死了數日之久了。大家看到新聞都覺得這個女兒很不孝。但是真不孝的話，她也不會回國來，想接母親去美國同住，只不過來晚了罷了。但是這位母親在生病時、彌留之際，最需要人照顧的時候，卻得不到子女的幫助。從命理學的觀點，當然會認為他們沒有緣份。

在現代社會裡，大家都很忙碌，也無暇顧及父母及家人的感受，久而久之『孝順』的定義，大家也模糊不清了，搞不清楚到底怎麼樣才是孝順？是多給父母一點錢？還是多買一點東西送給他們？人類天生自然的感情，往往被物質的價值觀所代替。

數年前，吳伯雄先生欲參加競選省長的時候，吳先生的尊翁曾對他發生了影響力，最後吳伯雄先生退出競選。當時我們在新聞中看到了一位很能為子女出主意、扶助子女走官途的偉大父親。同時也看到了父慈子孝的一幅美麗畫面。很多人都在想：這麼一位有先知卓見的父親，若是我的父親就好了。那誰不會飛黃騰達呢？

現在我們看看：吳伯雄先生是貪狼坐命辰宮的人，在辰年有『暴發運格』會暴發。他的父母宮是巨門坐亥宮居旺。巨門是頗多計謀的星曜，居旺當然非常好，但是吳先生和尊翁之間的意見也時常相左，無法一致。可是吳先生仍然能聽父親的話，並且奉養父親，家庭和樂，可見天下人，只要是有為者亦若是。

因此，我給『孝順』的定義就非常的簡單了。只要和父母同住，能朝夕平安順利的相處，能瞭解父母的病痛、內心的煩憂，並盡心去開解、侍奉的人，便是一個孝順的人。這在一個市井小卒、平民百姓的人家，都是人人可以做到的事。端看你去不去做罷了。

同時，我也提醒一些想生孝順子女的父母們，自己就是子女最好的榜樣。自己做不到『孝順』二字的人，子女也會有樣學樣，無法明白『孝順』是怎麼一回事的。

第二節　官格與高知識水準的命格

很多父母都希望自己的子女，小的時候會讀書，長大之後會有錢。會有錢，當然事業必須做得好。其實，會讀書與將來的事業都是有連帶關係的。

平常我們要看子女的學業問題，就要看子女命盤中的官祿宮。要看事業做得好不好？有沒有前途發展，也要看官祿宮。官祿宮中有吉星居旺的，沒有煞星來相照剋害的，必然小時候讀書好，將來的事業也不可限量。

況且『命、財、官』三合宮位是三合一體的，相互影響。這其中不管那一個宮位具有的煞星多，都會影響到其人的性格、一生的運途、事業的順利和財富的多寡。因此這就是必須極端注重的要點。

『陽梁昌祿』格的重要性

要想學業好、事業高，我們首先要談的是：在命格中必須具備的『陽梁昌祿』格。

『陽梁昌祿』格代表的是讀書運、貴人運、事業運、名聲運以高知識水準取財的運格。當然，在組成『陽梁昌祿』格的四顆主星，太陽、天梁、文昌、祿星（化祿及祿存）必須居旺，才是第一流的『陽梁昌祿』格，也才擁有第一流的真富貴了。

但是『陽梁昌祿』格中若有一些星居陷也不要緊，在流年、流月的流運中逢到這個格局中的某一顆星當運時，也會有讀書運的優勢。因此只要有『陽梁昌祿』的形成，不論其星曜的旺弱，讀書運都是不會改變的。大家也可把握這種優勢來增加考試勝利的機會。

『陽梁昌祿』格的形成

『陽梁昌祿』格是怎形成的呢?它在『生辰時間』上又佔有何重要地位?

『陽梁昌祿』格的形成，主要是太陽、天梁、文昌、化祿或祿存這五顆星在三合宮位或四方宮位中出現時所形成的。有時侯，兩三顆星會同在一個宮位中，只要另外的一、兩顆星在三合或四方宮位來相照，也同樣會形成格局。

『紫微在申』命盤格式的『陽梁昌祿』格局

我們先以最標準最好的『陽梁昌祿』格格局，就是『紫微在申』命理格式的例子來看。

紫微在申

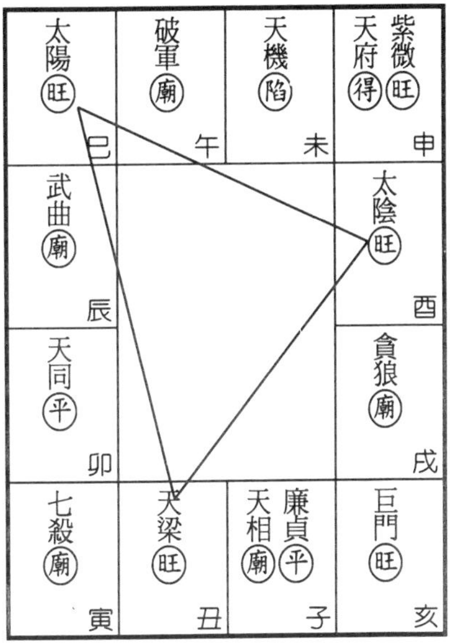

倘若命盤格式是『紫微在申』，又是庚年生有太陽化祿，生在丑時、巳時、酉時的人。**丙、戊、辛年生有祿存**，又生在丑時、巳時、酉時的人，是一定擁有極高的『陽梁昌祿』格的人，因為這四顆吉星都會在廟旺的位置。

命理格局是『紫微在申』又是庚年生，生在丑時、巳時、酉時。文昌星只要出現在丑宮、巳宮、酉宮，便是非常完美的『陽梁昌祿』格了。

『紫微在子』命盤格式的『陽梁昌祿』格局

紫微在子

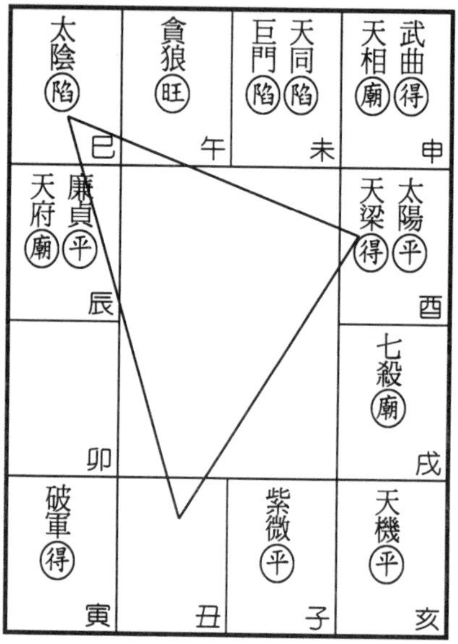

『紫微在子』命盤格式中，丙、戊、辛年生的人，有祿存在巳宮或酉宮。或是丁年生有太陰化祿在巳宮，庚年生有太陽化祿在酉宮。壬年生有天梁化祿在酉宮的人，又必須生在丑時、巳時、酉時，才會具有『陽梁昌祿』格。但是這個

『陽梁昌祿』格，因為太陽及太陰皆居落陷之位，兼有『日月反背』的格局，故只利於讀書研究，做公職，要想得到一品富貴較難。

『紫微在寅』命盤格式的『陽梁昌祿』格局

紫微在寅

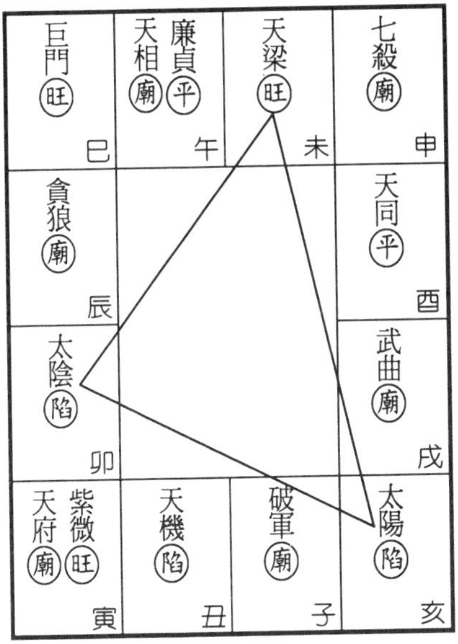

『紫微在寅』命盤格式中，若能在亥、卯、未這三宮中有文昌星及祿存星存在，就會具有『陽梁昌祿』格。**乙年生的人會有祿存在卯宮、壬年生的人會有祿存在亥宮**。若又能生在卯時、未時、亥時，就能形成此格局。

另外，丁年生的人有太陰化祿在卯宮。庚年生的人有太陽化祿在亥宮，壬年生的人有天梁化祿在未宮，若他們也能生在卯時、未時、亥時，也能擁有『陽梁昌祿』格。

※ **這個格局，也是因為有『日月反背』**的情況，利於讀書、研究和公職，在財富上的獲得不會如預期的多。

『紫微在卯』命盤格式的『陽梁昌祿』格局

『紫微在卯』命盤格式中，因太陽、天梁分別在子、午宮相對照，因此若要形成『陽梁昌祿』格，文昌及祿星（化祿及祿存）就必須存在於子、午、卯、酉等四方宮位之中才行。

紫微在卯

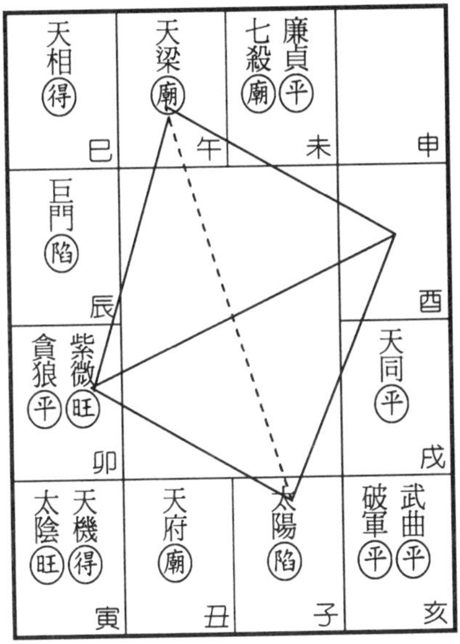

庚年生有太陽化祿，壬年生有天梁化祿，或戊年生有貪狼化祿的人，必須生在丑時、辰時、未時、戌時的人會有『陽梁昌祿』格。

乙年生的人有祿存在卯宮，丁年、己年生的人有祿存在午宮，辛年生的人有祿存在酉宮，癸年生的人有祿存在子宮，也必須生在丑時、辰時、未時、戌時，才會形成完整的『陽梁昌祿』格。

在這個命盤格式中，太陽雖屬落陷，但太陰財星是居旺的，利於讀書、研究、做公職，財富得以積存，做公職、教職就會很不錯。

『紫微在辰』命盤格式的『陽梁昌祿』格局

『紫微在辰』命盤格式中，若能在巳、酉、丑這三個宮位中出現文昌星及祿星（化祿及祿存），就會擁有『陽梁昌祿』格。

庚年生有太陽化祿、丁年生有太陰化祿、壬年生有天梁化祿，又必須生在丑時、巳時、酉時的人，會有『陽梁昌祿』格。

紫微在辰

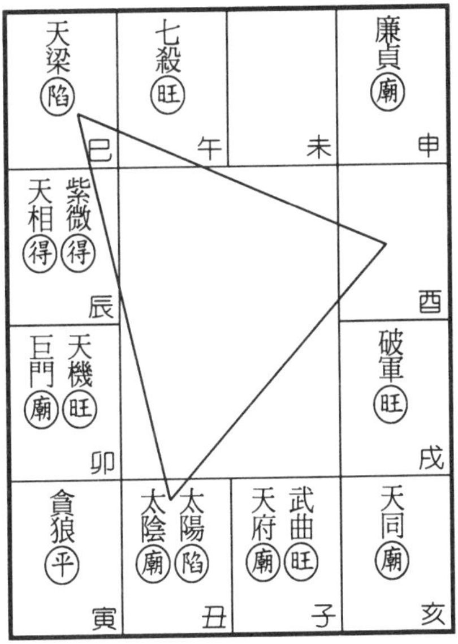

丙年生、戊年生的人有祿存在巳宮，辛年生的人有祿存在酉宮，又必須生在丑時、巳時、酉時的人，也會擁有『陽梁昌祿』格。

※**在這個命盤格式中，因為太陽和天梁都居陷位，**缺乏貴人和與男性之間的競爭力，除非文昌星及祿星都居旺位，否則在讀書運及升官運上會有力不從心之感。不過也會成就一個高級的公務員命格。

『紫微在午』命盤格式的『陽梁昌祿』格局

紫微在午

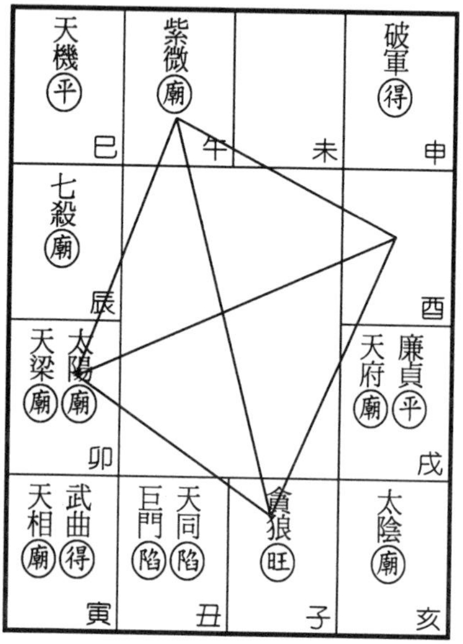

『紫微在午』命盤格式中，若能在子、午、卯、酉四個宮位中，有文昌星及祿星（化祿及祿存）出現，就會具有『陽梁昌祿』格，當然最好就在卯宮或酉宮

出現是最好最完美的了。

庚年生的人有太陽化祿、壬年生的人有天梁化祿、戊年生的人有貪狼化祿、必須生在丑時、辰時、未時、戌時，會有『陽梁昌祿』格。**乙年生的人，**祿存在卯宮，**丁年生和己年生的人祿存在午宮，辛年生的人祿存在酉宮，癸年生的人祿存在子宮，**又必須生在丑時、辰時、未時、戌時，也會有『陽梁昌祿』格。

『紫微在酉』命盤格式的『陽梁昌祿』格局

『紫微在酉』命盤格式中，若在子、午、卯、酉宮中有文昌星和祿星（化祿和祿存），就會擁有『陽梁昌祿』格。

庚年生有太陽化祿、壬年生的人有天梁化祿、戊年生的人有貪狼化祿，並且必須生在丑時、辰時、未時、戌時，就會擁有『陽梁昌祿』格。

紫微在酉

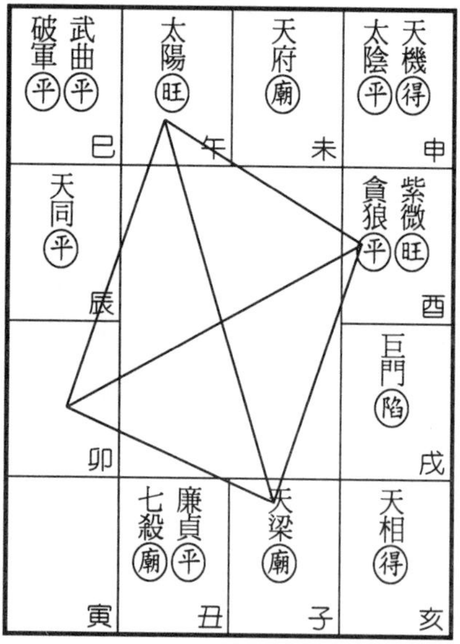

乙年生的人有祿存在卯宮，丁年生、己年生的人有祿存在午宮，辛年生的人有祿存在酉宮，癸年生的人有祿存在子宮，也必須生在丑時、辰時、未時、戌時，才會擁有『陽梁昌祿』格。

※**在這個格局中，太陽、天梁都居旺位，**若再加上祿星也居旺，讀書運、官運都有一級的水準，可以做到富貴同高的局面。

『紫微在戌』命盤格式的『陽梁昌祿』格局

紫微在戌

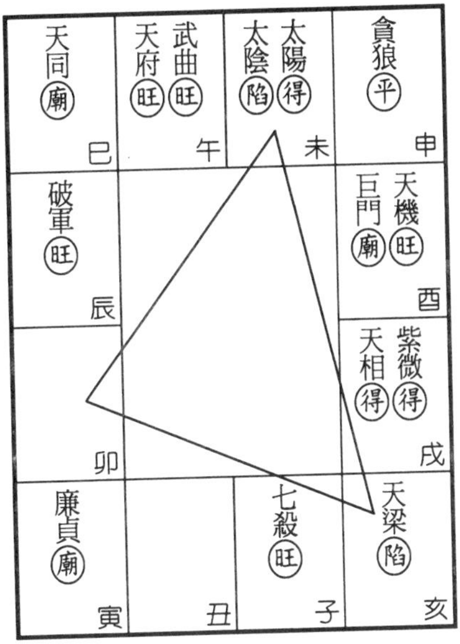

『紫微在戌』命盤格式中，若在卯、未、亥宮中，有文昌及祿星（化祿或祿存），就會擁有『陽梁昌祿』格。

生辰八字一把罩

庚年生的人有太陽化祿、壬年生的人有天梁化祿、丁年生的人有太陰化祿，又必須生在卯時、未時、亥時，才會具有『陽梁昌祿』格。

乙年生的人祿存在卯、壬年生的人祿存在亥，也必須生在卯時、未時、亥時，也會有『陽梁昌祿』格。

※ **在這個格局中，因為太陰財星和天梁貴人星都是陷落的，**因此必須靠自己的奮發努力，讀書、做公職都好，只是錢財少一點。

各位也許發現有命盤類型共有十二個格式，可是我在談『陽梁昌祿』格時，只提到八個，另外四個呢？難道就沒有『陽梁昌祿』格了嗎？

的確！因為『紫微在丑』、『紫微在未』、『紫微在巳』、『紫微在亥』四個命盤格式中，太陽和天梁無法存在於三合宮及四方宮位之中，縱然有文昌及祿星來相照，也難形成完整的『陽梁昌祿』格。

另外，我們也發現，命宮屬於這個四個格局的人，某些唸到大學畢業或許沒有問題，想要繼續深造的人，幾乎是很少的了。這個狀況最明顯的是存在於『紫微在丑』、『紫微在未』的命盤格式之中，他們絕大多數的人，學歷都會較低，不喜歡讀書。而『紫微在巳』、『紫微在亥』命盤格式的人，偶而還會因運程轉旺或有『暴發運格』的機緣，會在讀書與學歷上增高。但這只是屬於流年運氣的巧合，並不會如真正具有『陽梁昌祿』格的人，必定會走高知識文化水準的路途及官途。其一生的機運也不會如真正擁有『陽梁昌祿』格的人好，其事業成就的成果也會稍遜一些。

『紫微在丑』、『紫微在未』、『紫微在巳』、『紫微在亥』命盤顯示圖

紫微在未

巳	天機(廟) 午	紫微(廟) 破軍(旺) 未	申
太陽(旺) 辰			天府(旺) 酉
武曲(平) 七殺(旺) 卯			太陰(旺) 戌
天同(平) 天梁(廟) 寅	天相(廟) 丑	巨門(旺) 子	廉貞(陷) 貪狼(陷) 亥

紫微在丑

廉貞(陷) 貪狼(陷) 巳	巨門(旺) 午	天相(得) 未	天同(旺) 天梁(陷) 申
太陰(陷) 辰			武曲(平) 七殺(旺) 酉
天府(得) 卯			太陽(陷) 戌
寅	紫微(廟) 破軍(旺) 丑	天機(廟) 子	亥

紫微在亥

天府(得) 巳	天同(陷) 太陰(平) 午	武曲(廟) 貪狼(廟) 未	太陽(得) 巨門(廟) 申
辰			天相(陷) 酉
廉貞(平) 破軍(陷) 卯			天機(平) 天梁(廟) 戌
寅	丑	子	紫微(旺) 七殺(平) 亥

紫微在巳

紫微(旺) 七殺(平) 巳	午	未	申
天機(平) 天梁(廟) 辰			廉貞(平) 破軍(陷) 酉
天相(陷) 卯			戌
太陽(旺) 巨門(廟) 寅	武曲(廟) 貪狼(廟) 丑	天同(旺) 太陰(廟) 子	天府(得) 亥

那些人是最具有『貴命』，並擁有『陽梁昌祿』格的人

我們從前面的分析中，會發現一個有趣的現象。**庚年生的人及壬年生的人，又生在丑時、辰時、未時、戌時的人**，是命格較高，以取『貴』為主的貴命。是具有會唸書、學歷高，並且會走官途的命格。學歷唸到博士是輕而易舉的事情。在一九九五年時，中國兩岸曾做過一個調查，凡是中國人到美國去得到博士學位的共計有二千人左右。這和所有中國籍的人口比例十二、三億人口比較起來，真可說是極為稀罕的了。

另一個明顯的例子，總統馬英九先生就是庚年生（庚寅年、未時出生）。他的『陽梁昌祿』格是既完整又漂亮，因此能擁有博士學位及很好的官運。

另外，乙、丙、丁、戊、己、辛年生的人，必須命盤格式好，文昌及祿存剛好要在與太陽、天梁這兩顆星在相照的三合及四方宮位中，才可擁有『陽梁昌祿』格。

馬英九先生 的命盤

遷移宮 天機 天姚 辛巳	疾厄宮 紫微 右弼 陰煞 壬午	財帛宮 陀羅 天鉞 癸未	子女宮 破軍 火星 祿存 左輔 甲申
僕役宮 七殺 天空 庚辰	陽男 庚寅年		夫妻宮 擎羊 乙酉
官祿宮 太陽化祿 天梁 文昌 鈴星 己卯	土五局		兄弟宮 廉貞 天府 丙戌
田宅宮 武曲化權 天相 戊寅	福德宮 天同化科 巨門 天魁 天刑 己丑	父母宮 貪狼 戊子	命宮 太陰 文曲 丁亥

化祿及祿存二星在『陽梁昌祿』格中所居之地位

在紫微斗數中，很多人都認為祿存和化祿同是祿星。祿存就等於化祿，有相同的性質。但我卻認為，祿存與化祿雖同屬祿星與財星。但是此二星是有所不同，有所分別的。

『化祿』**有流動、人緣增廣**、財運會愈滾愈大的性質。『**祿存』具有保守的、封閉的**、自我克制的、不讓外界侵犯覬覦、吝嗇性、人緣欠佳、財運為固步自封、儲蓄性質的形式。因此兩者實為不同。並且祿存的財運格局較小。化祿的財運較開闊，財源廣、格局較大。故而祿存是比不上化祿對人所產生的力量大的。

我們從格局中也會印證這個道理。『陽梁昌祿』格中，命格中含有化祿的人，富貴同高。命格中有祿存的人，會達到一定的水準而無法再上升了。這就是受祿存與化祿本身性質的不同，一個走了保守的路線，一個繼續擴充放大之故。

『陽梁昌祿』格對人生的重要性

『陽梁昌祿』格在人的命盤中，不是在三合宮位成三足鼎立的姿態存在著，就是會在四方宮位中，或四角連環的姿態存在著。這也會造成人每隔三、四年或每隔兩、三年便走一次『陽梁昌祿』格的好運。這剛好順應了目前台灣的聯考制度，讓每一個擁有『陽梁昌祿』格的人，都很容易的進入了高水準的學校，一層次一層次的，成為社會的精英份子。

『陽梁昌祿』格中的『太陽星』

『陽梁昌祿』格中的『太陽星』，主旺運、主男人社會、主陽氣、主競爭力。

我們可以發現，在現今世界上所有的競爭層面裡，多半還是以男性為多數的競爭世界。無論在聯考學校的競爭、工作上的競爭、或是做官途、公務員的競爭裡都一樣。倘若是從商，做商業競爭，就更少不了男性了。因此，不管是男人或女人，在命格中的『陽梁昌祿』格中的太陽都必須居旺，才可能具有極強大、極權威的競爭力的。

人在流年運裡逢到『太陽』運程時，命格中的『太陽』居旺，當然運氣特別好了，競爭力也特別強勢。人的性格會開朗、溫和而寬容，有博愛、慈善的度量，凡事也順利沒有阻礙。**命格中的『太陽』若居陷位時**，又逢太陽運，其人仍然有寬容的度量，但因太陽無光，人的運氣較差，在男人社會中沒有競爭力，有保守、喜躲在人後，無法在事業上得到最佳的表現。因此做秘書、幕僚工作較好。走太陽陷落的運程，是不利升官競爭的，爭也沒有用。但是在讀書、做研究、做幕僚、秘書等不在檯面上以強勢壓人的工作，會比較得心應手一點。在走太陽陷落的運程時，因運氣不佳，其人的內心也比較苦悶鬱卒，會更增加了不願競爭的慵懶心態。

『陽梁昌祿』格中的『天梁星』

命格中的『天梁星』，代表名聲、升官運、貴人運、長輩運、考試運、知識性、照顧別人的慈愛性、與願意接受照顧的福氣。

凡是『天梁星』在命格中居旺的人，一生都會受到長輩、父母良好的照顧。其人本身也喜歡照顧幼小、提攜後進。**而命格中『天梁』陷落的人**，則相反，是自己無法得到長輩、父母的照顧，本身也不會去照顧他人。，並且也不喜歡別人來照顧他，感覺別人會對他產生管束和束縛。同時也不願負擔責任照顧幼小後進，認為太麻煩。正因為有這種思想，故而這兩種人在命格和運程的起落上是完全不同的形式。相對的，**命格中『天梁』居旺的人**，運途較順利，又容易得到貴人相助，命格型態會較高，升官較快。**而命格中為『天梁』落陷的人**，運途較坎坷，無法擁有貴人，命格型態總無法衝上高峰，升官較慢，總有嗟嘆。

『天梁星』不只代表名聲，也代表競爭力。『天梁』居旺的人，有願受照顧，並甘之如飴的福氣，若再加上外在人緣、財祿、知識性的助力，其競爭力是非常堅實有份量的。因此我們可以在大多數的考生中也會發現到走『天梁運』時，是最容易考上好的學校。若是做事業的人，也會在『天梁運』裡必然有升官的喜訊。

『陽梁昌祿』格中的『文昌星』

『文昌星』主精明、智慧、計算能力、讀書能力、文化程度。凡從事與知識性、文化性有關的智慧型活動，都必須命格中有這顆『文昌星』。命格中『文昌』

生辰八字一把罩

居旺的人，智慧高，對文字、數字的領悟能力強，本身也喜歡理論性的知識、喜歡說道理。為人也特別精明幹練。**因此不管是學科學、技術、商學、醫學、文學類的人都必須命格中有居旺的『文昌星』**，才會頭腦清楚、思路敏捷、學習能力強，也才能擁有高學歷與高知識水準。

相對的，命格中『文昌』陷落的人，就會有文化水準不高、為人不夠精明、唸書能力很差，思想常短路、頭腦不夠清晰，想事情不夠細緻的問題存在了。

另外，『文昌星』也會展現附加價值。就是在人的氣質上，會因前面所述及的特點而展現在人外觀上的變化。命格『文昌』居旺時，其人的氣質較文質彬彬，注重衣著服飾，講究體面。在做人的態度上也會呈現規矩、老老實實的作風。而命格中『文昌』居陷位時，其人外表、動作較粗魯，也不重衣著，也不講究整齊體面了。在做人做事的態度上較馬虎、粗俗。

人若行運在『文昌』居旺的運程時，是特別聰明、精明、偏向知識性、文化性的活動、喜歡讀書，當然考試、升官都極為有利。

人若行運在『文昌』居陷的運程時，計算能力不佳，在文字、契約上容易發生錯誤，做人做事，既不重內在，又不重外表，一切都較馬虎，頭腦糊塗常出錯，運程怎麼會好呢？倘若再有『文昌化忌』居陷在運內，必然會有因計算、文字、契約簽訂所造成的錯誤產生。必須要十分小心才成。

『陽梁昌祿』格中的『化祿與祿存』

祿星中『化祿』與『祿存』，在前面已談過兩者的不同。現在談它們在人生運程中的影響。

前面說過，化祿有流動、人緣增廣，財運會愈滾愈大的趨勢。化祿是財星，

生辰八字一把罩

也含有桃花性質，有『化祿』在命宮坐命，或者是走『化祿運』程時，都有面色討喜、人見人愛的氣質。口才好、智慧高，既利於人際關係的開展，也利於生財享福。因此有『化祿』在人生的運程中是吉多弊少的狀況。唯一的缺點就是太過浮滑流動，若再跟隨某些好動的星，如貪狼、巨門之類，會給人造成油滑、不實在的感覺。

『祿存』這顆星，在前面也已講過了，有保守、固執、封閉性的、吝嗇的、人緣欠佳、財運只是以儲蓄小錢性質的方式來儲存。

『祿存』亦包含孤獨、自卑、不願向外界求助、喜歡躲在人背後的角落，賺取一份夠糊口的財富。

如此，『祿存』和『化祿』比較起來，真是差太多了。『祿存』是自給自足、夠自己生活的小財。而『化祿』則是到處廣結人緣、財緣、無限大的大財。兩者真是不能互相比較。也根本不能『互相等於』了。

在人的命宮中有『祿存』，或者是正在走『祿存運』的人，都會有下列的狀況：比較保守、不太肯交朋友、比較孤獨。凡事自己做，不願麻煩別人。生活、財運尚可，也沒什麼大財可進，剛剛好夠用等情況。

若再以『陽梁昌祿』格中的結構架構來講，當然是庚、壬年有化祿在『陽梁昌祿』格中的是最好的了，有第一等的富貴，且會因學識高深而得財。若是『陽梁昌祿』格中，太陽和太陰同宮在丑，有太陰化祿的人也不錯，但因此格中，太陽在丑宮居陷，在男性社會中沒有競爭力、升官或遇考試時有男性老師或主考官時，將十分不利。此格在財運上不錯，但真正的運勢還是不算最好的。

西元二〇一〇年(庚寅)、二〇二〇(庚子)都是庚年，可以生育最佳『陽梁昌祿』格的子女，便要即早計劃了。

但千萬要注意幾件事：

一、要選在丑時、辰時、未時、戌時為最佳的出生時辰。

▽生辰八字一把罩

二、『紫微在丑』、『紫微在未』、『紫微在巳』、『紫微在亥』四個命盤格沒法具備『陽梁昌祿』格，千萬要避開。

三、最好選『日月共明』格局的『陽梁昌祿』格。也就是太陽和太陰都在旺位的『陽梁昌祿』格。這樣行運才會順利，也具有競爭力、財富、智慧、事業都會比較高。

四、文昌星及天梁星也要選居旺的位置才行。才會有貴人運，一生順利，受人扶助提拔。

第三節　有平輩輔助力量的命格

在人的命格中，要結交到好朋友，並且與自家兄弟和樂相助，則必需要有好的兄弟宮。我們也可以從命盤上發現『兄、疾、田』是三合宮位，也是相互影響的。也就是，兄弟宮好不好也直接影響到你本身財庫（田宅宮為財庫）內的數字多寡。兄弟宮同樣也是看與同輩之間的關係的宮位。有良好兄弟宮的人，會與同輩相處和諧，並且得到同輩的助益。舉凡朋友、同事、同年紀的人都算是同輩。

兄弟宮又和僕役宮（朋友宮）是相對照的，在這一組星曜中若全是吉星居旺的，那你才能說具有完整的『兄弟運』和『朋友運』了。通常很多人，都是一個宮好，一個宮不好。這在與兄弟姐妹的相處狀況上只會有兩個狀況。

『做人』容易內外不分的狀況

一、**如兄弟好、僕役宮不好的人，**與自家兄弟相處親密，卻排斥別人，或受外人排斥。

二、**兄弟宮不好，僕役宮好的人，**對外人較好，對自家人反倒因細故摩擦而感情不佳。

這種一個宮好、一個宮不好的人，都會擁有兩極化的朋友，好朋友及壞朋友各半的狀況。通常他在與朋友交往時，也不是能拿捏得很準，知道那些人應以那些方式去對待他們，常常親疏之間分不太清楚，以致搞出很多是非，難以解決，也很讓他自己心煩。

倘若兄弟宮與僕役宮都不好的人，必定是一個內心孤獨的人，並且也無法設身處地的為別人著想，去體諒別人。通常他們都是以自以為是的觀念和方法去做事，從不顧念到別人的感覺，以至於常常引起別人的反感，怒言相向，而造成人際關係的不順利。

兄弟宮宮位裡的星曜主要是表達一個人親愛同胞，如手如足的一個意義。僕役宮裡的星曜主要是表達一個人可以使別人信服，為自己所用，展現自己領導統馭能力的一個宮位。因此在命理學的觀點中，**兄弟宮不好的人為不仁。僕役宮不好的人為不義**，這是對自己本身十分有傷害的問題。

既然兄弟宮會關係到我們財庫裡所積存財富的多寡。僕役宮所管轄的又是幫助我們生財的朋友和部屬運。並且在大運、流年上也非常需要這兩個宮位才能助運，所以我們必須小心的選取命格，以增加子女的先天助力，不要讓他時時跌跌絆絆的走一生。

何種命格才能擁有良好的兄弟宮、僕役宮

想要擁有良好的兄弟宮與僕役宮的人，就必須在這兩個宮位中都要有吉星居旺才行，不能有殺星、煞星存在。**有殺、破、狼**（七殺、破軍、貪狼）**在兄弟宮的人**，都與兄弟、朋友、部屬無緣，且相互剋害、拖累、反目成仇。

並有擎羊、陀羅、火星、鈴星在兄弟宮的人，兄弟、朋友、部屬會相互剋害。其中以羊陀最凶，會讓人破財、血光，彼此不和也可能到死都不相往來。**凡有羊陀、火鈴在兄弟宮及僕役宮的人**，都會擁有感情極端惡劣、脾氣暴躁、不義的兄弟或朋友、部屬，必須十分小心彼此之間的交往才行。**有地劫、天空在兄弟宮或僕役宮的人**，兄弟少，很可能沒有兄弟，朋友之間的交往也很少。若是做老闆的人，也不容易用到貼心的好部屬，必須自已親力親為的賣命。

兄弟宮、僕役宮中有紫微、天府、天相、天同、太陽居旺位，太陰居旺位、天梁居旺位、武曲居旺位等星曜，都是擁有最好的兄弟宮與僕役宮的人。

從後面蔡萬霖先生命盤中，我們可以看到他的兄弟宮及僕役宮都不錯，因此幫他賺錢的人很多，做保險業龍頭老大國泰人壽的老闆，一天的進帳是三億台幣。可見兄弟宮、僕役宮的好壞會影響到人的財庫，是一點也不假的吧！

蔡萬霖先生 的命盤

財帛宮 天馬 己巳	子女宮 天機 文曲 庚午	夫妻宮 紫微 破軍化權 天鉞 辛未	兄弟宮 文昌 壬申
疾厄宮 太陽化忌 火星 戊辰	陽男 金四局		命宮 天府 癸酉
遷移宮 武曲化權 七殺 擎羊 丁卯			父母宮 太陰 甲戌
僕役宮 天同 天梁 祿存 丙寅	官祿宮 天相 右弼 天魁 左輔 陀羅 地劫 丁丑	田宅宮 巨門 鈴星 丙子	福德宮 廉貞化祿 貪狼 乙亥

第四節　主富、永不缺乏的命格

在紫微命理中，真正會影響到人一生財運的宮位，其實非常多，並不只限於財帛宮和福德宮。財帛宮內所展現的錢財，是人手中所流動的資金，這些錢不一定是你的，所以不一定留得住。福德宮中的財富是你所享受得到的錢財，一般也稱為財的源頭。財帛宮好、福德宮不好，也就是源頭不好的人，得財辛苦，勞碌一生，自己享用不到，最後都是別人的。財帛宮不好，而源頭好（福德宮）好的人，是喜歡享福，不勤奮努力的人，若再加官祿宮不好，此人一定較懶惰不事生產。

另外要講到人的財庫了，那就是田宅宮。中國人（東方人）以土地田宅為財，故有錢後多置田產房宅以做積蓄之用。田宅宮之所以能成為財庫，當然還有中國人喜歡將錢財存放在家中保險櫃或埋藏在土地之下的原因。

在命格中，只要田宅宮好，不論財帛宮、福德宮如何，多少可享一些晚福。當然若是這三個宮位都好的人，那是最好的了，一生不愁吃穿，肯定是個一生富貴之人了。

此外，要看財富，也要兼顧『命、財、官』三個宮位。此三宮位於三合之位上。彼此相照影響。命宮是財星居旺的人，如武曲坐命、太陰坐命旺宮的人，一生得財容易，不會為錢所困，生活較愜意富足。財帛宮是財星居旺的人，手邊的錢花不完，很暢快！官祿宮是事業宮，若是有財星居旺時，也是得財容易，財源滾滾而來。並且可以找到很適合自己的工作，利於經商。

『命、財、官』三個宮位倘若有煞星出現時，都屬於極端勞碌的命格，對錢財的獲得也會有傷害。**有七殺、破軍、貪狼時等星時**，奔波勞碌，辛苦打拼，時有破財。但遇化權、化祿時財富也不少。**有擎羊星時**，必須絞盡腦汁去找賺錢的機會，往往波折多，並不順利。**有陀羅星時**，進財更不順利了。常有拖拖拉拉，或有思慮笨拙，使財運無法開展的狀況產生。**有火星和鈴星在命宮或財帛宮中**，會有意外的財運。倘若**再與貪狼會合**，會俱有『偏財運』的命格，一生好運、暴發運無數次。

有地劫、天空在『命、財、官』中時都是不吉的。對財運沒有幫助，只有劫財、破財，使財運成空之嘆。**有化忌在『命、財、官』之中**也不好，每逢運行至化忌的宮位，總有不順及財運困難，或引起是非困擾的問題。

真正一生富有的命格

現就一般『命、財、官』中沒有煞星，或者是煞星較少的情況下來闡述屬於富有的命格。

富有的命格有：紫微坐命、紫府坐命、紫相坐命、天相坐命、天府坐命丑宮、廉相坐命、廉府坐命、武相坐命、武府坐命、太陽坐命巳宮、陽梁坐命卯宮、七殺坐命寅宮、武曲坐命、貪狼坐命辰宮、戌宮、子宮、午宮的人。太陰坐命亥宮、戌宮、酉宮的人等等。

一般普通人，也可以說是絕大多數的人，在『命、財、官』三合宮位中都會存在一、兩顆煞星，甚至更多，到五、六顆之多。煞星愈多，賺錢就愈困難，財富就愈受到鉗制，人的事業成就也會愈貶低。因此父母在為子女選命格時，想要子女將來有出息、有錢，就必須注意在其命格中之『命、財、官』三宮位，要注意不要有傷害它的煞星存在了。

第五節　身體健康、少病災、無殘疾的命格

人之身體，不但關係著人之命運，而關係著運氣的起落與運氣的強勢問題。人之身體更與財富有關！與自己家人的親情與一生成長的環境有關聯。

身體有殘障的人，在命宮與疾厄宮都會顯現有煞星的存在。身體有病痛的人也一樣，命宮為弱星，或是主星居陷位不強，疾厄宮也肯定有煞星相剋，如此的宮位，在大運或流年、流月、流日運行時，是必然有很多不順利的情況出現的。

況且『兄、疾、田』為三合宮位，彼此相照，彼此影響。疾厄宮不好的人，健康情形不佳，財富如何能留得住呢？

疾厄宮不好的人，從小就多病多災，很難養。人一出生就最先接觸到父母、兄弟姐妹，這些家中的成員，因此多少也會影響到彼此的關係與生長的環境。

每個人都希望擁有健康、活潑的子女。這裡特別要提醒一些有家族性病變的父母們，例如有糖尿病、心臟病、高血壓，或是有智力不足、學習能力欠佳、以及家中曾出現過殘障人士的父母們，要細心為即將誕生的子女們挑選一個好命格、好時辰，以防萬一。

關於先天及後天殘障命格，及疾病產生的命格，在我所出版過的一本書《紫微改運術》中都有提及，在此不再贅言。

身體有殘障情況的發生，疾厄宮或命宮中都會有羊陀、火鈴、巨門、七殺、破軍等星出現。而身體有疾病的狀況，也會有上述煞星及化忌、劫空、主星陷落不吉的問題。

因此要為子女選一個健健康康的好命格，就是要選命宮及疾厄宮、福德宮中有吉星居旺。如紫微、天府、天相、太陽居旺、太陰居旺、天同、武曲、天機居旺、天梁居旺、貪狼居旺、巨門居旺、廉貞居旺等星曜。儘量要注意不要有羊陀、火鈴、化忌、劫空在疾厄宮中或在對宮（父母宮）出現，則能保證此嬰兒順順利利、活活潑潑的長大，而且會與父母親的緣份極佳。

生辰八字一把罩

第六節　愛情、婚姻平順，能享配偶之福的命格

在人的命盤中，夫妻宮是展現婚姻關係及未來配偶長相、外貌、氣質、性格及職業以及對感情付出的形式的宮位。很多父母對子女的關心，也往往關心到他日後婚姻幸福的問題。因此我們也可由夫妻宮來看一看，或者是為子女先選擇好日後的幸福家庭生活。

夫妻宮中有柔美、溫和的星曜，如天同、太陰居旺，當然是最好的夫妻宮格式啦！其他尚有天相、天梁、太陽居旺、陽梁、天府，這些星曜也是會有極端幸福的婚姻生活的人。

**夫妻宮中不宜有七殺、破軍、巨門、貪狼、天機陷落、廉貪、廉

破、武破、廉殺、擎羊、陀羅、火星、鈴星、劫空、化忌以及空宮出現。有煞星出現時，夫妻間相處很尖銳，很可能相互剋害，而有離婚現象，或是生離死別之憾事。有空宮出現時，要看空宮中出現的是什麼星？對照的有什麼星？通常空宮出現在夫妻宮時，表示會有不正常的婚姻關係，或只是同居，沒有名份，與配偶的緣份不強，會時常換人。某些有空宮在夫妻宮的人，也會終身不婚，讓父母親人著急。因此父母若為子女著想，想要他過正常的家庭生活，一生幸福美滿，就不能不注重子女的夫妻宮。

還有，從夫妻宮中也能看出此人的感情濃度與感情生活。夫妻宮中有天同星的人，凡事不計較、很隨意，也不太會吃醋，對家人和配偶不會造成緊張的感覺。夫妻宮中有擎羊星的人，就非常會吃醋、凡事計較、又會挑剔別人，令家人、配偶緊張很難過。

生辰八字一把罩

夫妻宮中有巨門星的人，對別人挑剔，常會製造是非、試探別人對自己的情感。**夫妻宮中有破軍星的人**，常選到與自己不同的另類類型人物做配偶，也很容易喜新厭舊，因此離婚率最高。

夫妻宮中有七殺星的人，喜歡有強悍作風的配偶，最後自己的個性也很強，彼此相剋、無法白頭偕老。**夫妻宮中有貪狼星的人**，容易善變，思想與速度都很快，喜新厭舊，也比較貪心，容易造成夫妻間不和睦而各行其事，也容易離婚。**夫妻宮中有陀羅星的人**，凡事不願意開誠佈公的說出來，喜歡讓人來猜測，自己心性較慢，卻還嫌配偶笨。不過其配偶也會是個身型較矮壯，不善言語，氣起來會蠻幹的人。

在人的命盤中，『夫、遷、福』是一組三合宮位，夫妻宮與遷移宮、福德宮是相互影響的。夫妻、配偶會幫助你開拓人際關係、外緣，在很多人的生活裡都會深有體會。**夫妻宮又牽涉到人之福份享用**，這又是什麼關係呢？其實這也是顯而易見的道理，夫妻宮不好的人，家庭生活不幸福，心態上就無法開朗的生活，當然影響到人的福份了。相對的夫妻宮好的人，生活自然愉快，福份享用也高了。

由上述的分析中，你就會知道，要能得到幸福的婚姻、幸福的人生，其實並不容易。在絕大多數的人的命格中，夫妻宮中多少都會有一些煞星存在。夫妻宮與官祿宮是對照，相互影響的，也因此會使事業受到傷害。**倘若做父母的人，只注重到替子女選命格高、命格好的命理格局，而沒有注意到夫妻宮的問題，這將會是百密一疏，得不償失了。**

第七節　一生享福、無災、順利、長壽、知足的命格

很多父母希望子女一生順利、福大、命大，也希望子女在外面受人尊敬，不會受到傷災、禍災的侵擾，一生有貴人相助、事事如意、歲歲平安。那就不能不注意一下子女命盤中的遷移宮了。

遷移宮所代表的意義很廣。人在一出生時，出生的家庭就是人的遷移宮。家庭中的成員，父母、兄弟姐妹和剛出生的小寶貝之間的關係，就是遷移宮中所展現的問題。等人長大到學校，學校內的生活又是遷移宮的範圍了。

等到成年出外工作、旅行，外面的世界就是遷移宮所管轄的範圍。

人在工作職場裡，工作環境的好壞也是屬於遷移宮的範圍。人在外面所遇到的人際關係，在外面所受到的對待感受也是要看遷移宮的好壞而定。

通常遷移宮中沒有煞星存在，而有吉星紫微星、天府、天梁、天相、天同、武曲、太陰居旺、太陽居旺、天機居旺、貪狼居旺，都會有不錯的際遇。

遷移宮中有紫微星的人，一生無論是家中或在外面，都容易受人尊敬愛護、地位高，也受人疼愛。一生都不會受到不好的待遇，例如被人罵、讓他自卑、難堪等境遇。遷移宮中有天府星的人，一生很富足，所待的環境是循規蹈矩，很按步就班、一板一眼的環境。

遷移宮中有天梁星的人，天梁必須居旺，就會一生受貴人相助、照顧，此人並且具有『陽梁昌祿』格，利於讀書、做研究、做公務員、利於做公職、官職會很順利。

遷移宮中有天同星的人，是不喜歡競爭的人，自己也能得過且過，他們在命格中會形成『機月同梁』格，做薪水階級、小公務員就很快樂了。別人也對他們沒有企圖心而放鬆警戒而以溫和的態度對待他們。

遷移宮中有太陽居旺的人，是個活力很強的人，在男人的團體或社會中競爭力很強。他們也具有『陽梁昌祿』格，很適合走官途做大事業。別人會受制於太陽的威力，而臣服於他。**因此太陽居旺在遷移宮的人，實際上很有領導能力、具有權威、能服眾、做政治人物、高官都是輕而易舉的事**。可是太陽居陷在遷移宮的人，境遇就大不如前者了。他們在男人團體、男人社會中競爭力差。喜歡躲在人後做幕後的工作，無法展現自己的光芒風彩。並且在領導能力、權威方面也嫌軟弱，因此多做幕僚人員，或有升官不順利的狀況。此人也有『陽梁昌祿』格，故而

我多鼓勵此命格的人，多向讀書、研究方面發展，做公職、教職也能創造另外一種格局出來。

遷移宮中有太陰居旺的人，其人的外在環境中是柔美、溫和的形式。財多順利，讓其人有如魚得水般快樂。在他的生活範圍裡，會有藝術性、浪漫性的氣質，生活很愜意。**遷移宮中的太陰居陷時**，其人的外在環境很不富裕，賺錢得財比較困難，其人也有些小家子氣，無法開朗的過生活，凡事都會比較悲觀。

遷宮中有天機居旺時，其人的外在環境變化很大，而且他也是靠變化在過生活的，**在變化中才有轉機**，在變化中才有進步和財富。因此他本身也是個善變之人。**倘若天機星居陷在遷移宮中時**，其人環境中的變動很多，常讓他不能適應，並且有愈變愈壞的趨勢，一生在勞碌奮戰中渡過，情況很差。

遷移宮中有貪狼星居旺時，一生都有無限好運。並且他是個極端圓滑的人，人際關係特別好，也時時會掌握好運。**有紫微、貪狼在遷移宮的人**，特別會利用人際關係來升官發財。**有武曲、貪狼在遷移宮的人**，一生有多次暴發運，性格強硬，注意錢財、事業，是個凡事都有強勢風格的人。**有廉貞、貪狼在遷移宮的人**，因為廉貞、貪狼只會在巳宮、亥宮同宮，此時雙星俱陷落，因此人際關係不佳，外在的環境非常惡劣，在外面容易受人欺侮，也容易結交壞朋友。其人本身性格懦弱，也較會受到邪佞之事的感染，因此這個遷移宮真是最差的了。

遷移宮中有巨門居旺時，外在環境中的是非多，但此人口才很好，**若有巨門化權在遷移宮中**，此人很有說服力與權威，是做政治人物與民意代表一流的角色。**有巨門化祿在遷移宮的人**，則很油滑，是做推銷員、業務工作的專才。**有巨門化忌在遷移宮中時**，不論巨門在旺位、在陷位，皆有是非纏繞，永遠也扯不清的問題，而且其人也頭腦不清，根本就是想愈弄愈亂，混水摸魚。

遷移宮中有擎羊、陀羅時，外面的環境很惡劣，讓人頭疼，也容易製造傷災及災禍。**有火星、鈴星在遷移宮時**，外面的環境很火爆，也容易有傷災、血光問題，並且要小心火災及燙傷的問題。

遷移宮中有地劫、天空時，無論『命、財、官』三宮有多好，在外面容易破財、耗財、劫財，或是常掉東西而失財。而容易沒有機會，或失去機會等事的發生。此人在家中也會不受關注。

縱觀以上的分析，就可以知道，遷移宮不但關係著人一生在世間生活的舒適與否，心情好壞，也關係著人一生運氣與做事行走的順利度。因此為人父母的人，為子女選擇一個處處順心、事事順心的環境，實在也是當務之急，是一點也不能馬虎的了！

第三章　從生辰八字組成之命格來瞭解未來子女的長相、個性及事業高低、成就

想要預知未出生子女的容貌、性格、高矮，以及未來成就，在紫微斗數中都有一個很完整的條件外觀，因此這並不是件很難的事。

在紫微命理中，命宮的主星就會呈現個人容貌、性格、高矮、性向、喜好、人際關係，以及未來成就等種種的特性。只要命盤一排定，其實六親關係和一生的運程也都展現了。這是何等奇妙的事啊！

現在我們只要選擇一個自己認為很好的命格，再加上夫妻雙方家族面貌長相的特徵，高矮的特徵、體型胖瘦的特徵，未來子女的形貌就已然浮出，日後等到嬰兒出生、成長，這些性格特徵及體型特徵，就會一一呈現在你的面前，分毫不差。

利用命宮主星可修正子女的容貌、性格

很多人並不滿意自己先天家族的容貌或性格。有的人嫌自己夫妻兩個都太矮，希望生一個身材高一點的小孩。選擇命宮主星形體高大的，這也可以獲得改善。例如選擇貪狼在子、午宮坐命，或者是機巨坐命卯宮的人，都會有高大的身材，另外，太陽坐命子、午宮的人，可以高大一點，不會太矮。

但是要注意一件事，身材高矮胖瘦與家族遺傳有關，倘若祖父母、

外祖父母輩也有高大身材的人，再用命宮主星的選擇法來選取，是比較有效的。若是家族中好幾代都不高，而再想以命宮主星來改良高矮，這恐怕是所求不多了。

喜歡自己小孩是瘦型體型的人，就要選天機坐命、機梁坐命、機陰坐命、祿存坐命，命宮居陷坐命的人，多半是瘦型的人，就像天梁居陷在巳、亥宮坐命的人，武破坐命的人、巨門坐命辰、戌宮的人，天相坐命卯、酉宮的人等等。他們不但瘦，而且個子最多只有中等或較矮。

利用命宮主星可修正子女的性格

很多父母對自己的子女在性格方面都有很多意見，但是做父母的人，請不要忘記一個事實：每一個活生生的人，都會有自己的脾氣的。縱然是脾氣再好的天同坐命者，都有自己特有固執的一面，只不過，他們對人比較寬容，容易原諒別人罷了，做父母的人，要有這種覺悟才好做出較佳的選擇。

我曾在很多書中都談到：性格是決定人一生努力與奮發的力量，也決定人一生成敗的關鍵。幼小的孩童，若天生純良，是非常好教育成功的。倘若在小的時候即展現暴躁、蠻橫、過動、不願聽父母的話，很難教導的情況，那他的父母就要好好查看一下該位孩童的命盤，命宮主星是否有羊陀、火鈴、化忌、殺、破等煞星存在，或有多位煞星沖照命宮的情形了。

在紫微命理中做過很完善的統計，性格溫和的人，比較好教養、容易聽從長輩的意見，日後的成就也比較高。命宮中有煞星的人性格堅強、六親緣薄，多半會棄祖離家到外地發展。既然與家人緣份薄，當然也不會聽從父母的勸導教育了。現今社會上有許多少小離家的青少年在外遊蕩，脫離了父母的管教，而跟隨惡勢力做一些偷雞摸狗的事情。這些不良少年的父母親們總是怨說：『小孩子自己不服管教，要逃家，我們也沒辦法呀！』

在我覺得，這些父母從來就沒有想負過責任，生的時候不負責任，沒給子女選一個命格高的時辰。養的時候也不負責任，也沒有多給子女親情關愛，敦促其向上。這也顯示了另一個問題的存在：那就是這些父母本身的命格也是極低的命格，以及有凶煞沖剋的命格所致。這種世代輪迴的影響，實在是把他們推入萬劫不復的地獄生活的型態之中，怎不教人可悲呢？

因此我建議每一位父母，為了自己著想，請注意自己的責任，為自己的孩子選一個好時辰。並好好的教育他，以免將來自己煩憂，過淒苦的日子。

另外要補充的是：我在另一本書《好運隨你飆》中談到人生格局的型式，討論到凶悍命格也可以『化殺為權』的問題，這也就是說命宮主星是煞星，有七殺、破軍、貪狼、擎羊、火星、鈴星等星曜時，也可以擁有極高權威力量，成就大事業的一種命格。但是要真正成為有用的命格，也會擁有許多條件的，**例如：①命宮主星必須在廟位、旺位。②三合四方宮位煞星沖照不能太多。③行運方向必須順利大吉。④祖蔭福德必須建全。擁有了四大要件**，其實我們可以看到這種『化殺為權』命格的人，幾乎是自學成功，自己打天下、自己奮發向上的人士。當然他們也擁有了父母先天賜與的好時辰了，並且父母也潔身自愛，給子女留下了福蔭，才會讓他們歷盡辛苦而成功了。在這一點上，你也不能不承認，**縱然是『化煞為權』的凶悍命格的人，其父母還是為他們做了最重要的事吧！**

以下是從各個命格中來尋找你所希望子女『好命格』的解說：

第一節 『紫微在子』、『紫微在午』命盤格式中各種命格的人

1.紫微在子

太陰(陷) 巳	貪狼(旺) 午	天同(陷) 巨門(陷) 未	武曲(得) 天相(廟) 申
廉貞(平) 天府(廟) 辰			太陽(平) 天梁(得) 酉
卯			七殺(廟) 戌
破軍(得) 寅	丑	紫微(平) 子	天機(平) 亥

7.紫微在午

天機(平) 巳	紫微(廟) 午	未	破軍(得) 申
七殺(廟) 辰			酉
太陽(廟) 天梁(廟) 卯			廉貞(平) 天府(廟) 戌
武曲(得) 天相(廟) 寅	天同(陷) 巨門(陷) 丑	貪狼(旺) 子	太陰(廟) 亥

在『紫微在子』、『紫微在午』兩個命盤格式是相互顛倒的格局。

在這兩個命盤格式中都分別有兩個空宮。因此屬於這兩個命盤格式的人，在行運上也會多兩年空宮弱運的日子。

『紫微坐命』子、午宮的人

在『紫微在子』命盤格式裡，紫微坐命者的命宮必在『子宮』。

在『紫微在午』命盤格式裡，紫微坐命，必坐『午宮』。

『紫微坐命』的人，有四方和長方型的臉型，穩重厚實的面貌和體型，非常得到別人的尊重。他們的個子多半不高，但肩寬背厚，不很胖，屬於壯的形狀。

『紫微坐命』的人，性格很沈穩，話不多，凡事都會經過深沈的思考才講出來。性格內斂，從不會有過於衝動或有歇斯底里的狀況發生。

『紫微坐命』的人，也算是具有桃花成份的人，極容易得到別人的好感，也容易產生桃色糾紛，雖然他們凡事都能按部就班，中規中矩的做事，但好色的本性依然是他們的致命傷。現因緋聞案被彈劾的美國總統柯林頓就是紫微坐命的人，會產生緋聞糾紛，也不算是意外之事了。

『紫微坐命』的人，都有家宅不寧的問題，兄弟宮為『天機陷落』，會有同父異母之兄弟姐妹，彼此感情不佳。夫妻宮是『七殺星』，相處不和諧。父母宮為空宮，有『同巨相照』，與父母間是非多，緣份不深。只有子女宮好一點是『陽梁』。因此可見紫微坐命者，一生較孤獨，在情感上很難有依靠，只好把精神寄託在事業上或兒女身上了。

『紫微坐命』的人，可以很有錢，事業也在中等以上的地位。他們的財帛宮是『武曲、天相』。武曲財星居得地的位置，天相居廟旺之位，可見是足以舒適享受的財運。官祿宮是『廉貞、天府』，這是一種靠人際關係，運用智慧，很會打理財富的一種工作型態。在我命相生涯中所遇到『紫微坐命』的人，幾乎都擁有大學、碩士學位，又轉向政界發展的人。他們在外也會兼營一些副業，以增加自己的財富。利用自己在政界的關係而另置家財。

注意事項：一般從命理學的觀點來看『紫微坐命』者，是富貴可期的。倘若父母不必顧念自己的家庭幸福，或是已經是別人妾室的人，選擇這個『紫微坐命』的命格，也算是不錯的選擇。

『同巨坐命』丑、未宮的人

『同巨坐命』的人，是命宮中出現天同、巨門兩顆星的人。在『紫微在子』命盤格式中它會坐命於『未』宮。在『紫微在午』命盤格式中，它會坐命於『丑』宮。**但是仍要注意的一件事就是：**命坐『丑』宮為空宮，有同巨在對宮相照。或者是命坐『未』宮為空宮，有同巨相照的人，仍會具有『同巨坐命』的人的性格、容貌、運程以及未來成就上的特徵。

『同巨坐命』的人，因雙星俱陷落的關係，個子不會高、中等略矮的身材，臉上多斑點、雀斑。性格上是表面溫和，但與家人、朋友有隔閡、不合的情況。一生是非口舌多，常犯小人。對人沒有信心與耐心，常感孤單。他們的兄弟宮是『貪狼』，會有相處不佳與相互拖累的兄弟姐妹。朋友宮是『紫微』，他們是非常喜歡結交地位高、環境好的朋友，藉以得到助益。他們的父母宮是『武曲、天相』，會有小康狀態的父母親，也會得到父母給他們的財產。

『同巨坐命』的人，在婚姻狀況上，**命坐『丑』宮的人**會有多金會賺錢、又聽他指揮的配偶。**同巨坐命『未』宮的人**，夫妻間的感情較差，配偶的經濟狀況也不好。

『同巨坐命』的人的財帛宮是空宮，有『陽梁相照』。倘若在空宮中有火星、鈴星進入的話，尚可時常有一些小偏財，但火星、鈴星亦為煞星，會對陽梁貴人運有傷，就無法獲得貴人財了，因此他們的財運始終就是在一種斤斤計較的小錢格局上。

『同巨坐命』的人，倘若時間生得好，在卯、酉宮有文昌、化祿及祿存進入的話，也能形成『陽梁昌祿格』。但是絕大多數『同巨坐命』的人都不能形成此一格局。

倘若命坐『未』宮為空宮，有『同巨相照』，有左輔、右弼相夾，再逢『陽梁昌祿』格，則為『明珠出海』格。則能有財官雙美的命格。

『同巨坐命』的人，一生裡多愛享福，官祿宮是『天機陷落』，無法有高職位及較好的工作，一生工作時期也不長久。再加上『命、財、官』三方都是在陷落和空宮之位，因此命格鮮少有高者。

注意事項：『同巨坐命』的人，最忌諱在三合四方宮位，有羊、陀、火、鈴及『廉殺羊』、『廉殺陀』格局出現，會有流年不利凶死，及『死於外道』之象。這也是『巨逢四殺』必然的命理格局。為人父母者，若要為自己的子女選用此命格，又想擁有『明珠出海』格，其困難度是蠻高的。因此此命格由自然形成的，比較可能。

『破軍坐命』寅、申宮的人

『紫微在子』命盤格式中，破軍是坐於『寅』宮。
『紫微在午』命盤格式中，破軍是坐於『申』宮。

『破軍坐命』寅、申宮的人，個子不高、矮壯型、中年若行運較佳者，會有一段時期較胖。他們的臉型較寬、大臉口橫、背厚、眉寬。若有文昌同時在命宮的人，外型尚稱氣派。否則就是外觀給人『胖胖大大、衣著與為人都較隨便之人』。

『破軍坐命』寅、申宮的人，因對宮有『武曲、天相』二星相照，好勝心很強，性格反覆不定，讓人難以捉摸，性剛直、不易與人相處。對別人的要求較高，無法做自我的約束。他們同樣是敢愛敢恨、私心重、報復心重的人，因此不可隨便得罪他。他們的父母宮、兄弟宮都是『空宮』，子女宮又在『天機陷落』的位置，因此幼年時期與父母、兄弟都緣薄、情感不佳或不深。結婚後與子女也時有是非糾紛，相處不和諧。他們最好的就是夫妻宮了。會有和諧的夫妻關係，並且擁有職位高的配偶，一生不愁。

『破軍坐命』寅、申宮的人，其財帛宮是『七殺』，福德宮是『廉府』。他們必須極其辛苦打拼才能賺到錢，而賺錢就是為了享受。因此此命格的人，多半不會儲蓄。倘若再有文昌、文曲與破軍同宮坐命時，此人一定是常常拮据，一生無法富裕的了。若時辰生的好，具有『陽梁昌祿』格的話，一生中也能有高學識、一生順暢、擁有家財。並且其官祿宮是貪狼，可在教育機構或軍警機構任教職，適合做公職人員。

『破軍坐命』寅、申宮的人，其人的『命、財、官』三方都處在『殺、破、狼』格局之上，一生是動盪不安的格局，若再有羊、陀、火、鈴、劫空來沖照，一生的運程不佳，在事業和人生上都不會快樂。

注意事項：為人父母者，若要為子女選用此命格，**應注意以命宮坐『申』宮者較佳**，有『日月居旺』的格局，但切記不可有文昌、文曲同在命宮之中，否則會為窮命，也難逃一生坎坷、財運不濟的困擾。

『陽梁坐命』卯、酉宮的人

在『紫微在子』命盤格式中，真正太陽、天梁坐命宮的人，是命坐『酉』宮的人。而命坐『卯』宮為空宮，有陽梁相照的人，也會具有『陽梁坐命』者的氣質風範。

在『紫微在午』命盤格式中，陽梁坐命的人，則是命坐『卯』宮的人。而命坐『酉』宮為空宮，有陽梁相照的人，也會具有『陽梁坐命者』的氣質、性格與風範、運程。但總括這四種命格的人，比較起來，命格還是有高低的。

『陽梁坐命』的人，只要時辰生的好，極容易形成『陽梁昌祿』格，一生官高職顯，學問淵博，適合做學問及官途，一生有貴人引領進入富貴高層次的境界。**其中尤以坐命『卯宮』者為佳**，因有『日月共明』的格局，一生運氣順暢。**坐命『酉』宮的人**，因太陽已在西山之暮，太陰又居陷位，一生運程較多不順，且年過中年易有怠惰之現象。

『陽梁坐命』者在六親關係中除與兄弟情份稍好一點之外，幾乎是家宅不寧的狀況。他的父母宮為『七殺』，擁有性格固執，態度強硬的父母，彼此之間無法溝通，並且會有生離死別的狀況發生。夫妻宮是『天同、巨門』，配偶雖聰敏，但容易製造是非混亂，家中爭吵不斷。子女宮是『貪狼』，容易有不聽管教的子女。事實上，『陽梁坐命』的人，都會忙於事業，很少待在家中，對家中事務的關心似乎太少了。

『陽梁坐命』者的財帛宮是『太陰星』，這是『機月同梁』格，做公務員、薪水階級的型態。**命坐『卯』宮的人**，較為財多富有，但一生辛勞。**命坐『酉』宮的人**，一生勞碌、錢財少。『陽梁坐命』的人，都很喜

生辰八字一把罩

歡做大老闆、大事業。其實他們最適合做教育工作，以及出版、文化事業。他們的事業宮是空宮，有『同巨相照』，倘若空宮中進入昌曲、魁鉞等吉星，尚且有名聲響亮、高文化水準的職業。倘若空宮中進入羊陀、火鈴、劫空等煞星，一生事業也不會太順利和成就。這就全在於『命、財、官』三方的吉凶而定了。

『陽梁坐命』的人，都有一張長方型的臉孔，臉大面子大。**命坐『卯』宮的人，**臉色紅紅白白的，形體高大非常有氣概和官相。**命坐『酉』宮的人，**面色較暗、體型較矮。他們都是性格豪放、不拘小節、人緣極佳、爽朗剛直，喜好幫助別人的人。

『陽梁坐命』的人，因命坐卯、酉宮為桃花地，若再有多顆桃花星同宮或沖照，桃花是非及感情問題很麻煩。**尤其是『陽梁坐命酉宮』的人，**擁有『日月反背』的格局，一生漂蓬，運程不算好，若再有桃花糾纏，此人一生肯定是個滿腹牢騷的無用之物，只能依附他人生活的人了。

注意事項：為人父母者，若要為子女選擇命宮為『陽梁坐命』時，特別注意要選擇『陽梁正坐卯宮』的命格，且要不為煞星侵剋，並且要注意桃花星相擾的問題，才能確實把握到好命格。因此在年、月、日、時上的關鍵更要細細琢磨推敲才好！

『廉府坐命』辰、戌宮的人

在『紫微在子』的命盤格式中，廉府坐命者，必坐命於『辰』宮。

在『紫微在午』命盤格式中，廉府坐命者，必坐命於『戌』宮。

『廉府坐命』的人，外表是不苟言笑，平常沈默寡言，但卻精通交際手腕，本身有些吝嗇，但會花錢在攏絡人心的方面。當然那也是自己要有所求，他才肯付出的了，所以這只是一種交換條件而已。他們的臉型呈長方型或短方型。性格十分保守，對錢很敏感，喜歡享受物質生活，貪念不斷，為人小氣吝嗇，在感情方面亦是如此。

『廉府坐命戌宮』的人，父母宮的『太陰與僕役宮』的陽梁都居廟位，一生所享的福多，運程也順暢。副總統連戰先生即是此命格的人。

『廉府坐命辰宮』的人，父母宮的『太陰居陷』，家財少，幼年較困苦，也會有母親早逝的困境。在六親關係裡，無兄弟運和朋友皆為幫不上忙的人，夫妻、子女皆在無緣和不和諧的狀態，真是六親無靠的人了。

『廉府坐命』的人，財帛宮是『紫微星』，宮祿宮是『武曲、天相』。**命坐『戌』宮的人**，較有錢、職位高，富貴格局較大。**命坐『辰』宮的人**，其財帛宮的『紫微星』在子宮居平，只是小康局面的財運罷了。**命坐『戌』宮的人**，其財帛宮的『紫微星』在午宮居廟位，這其間的富貴，就以連戰先生來做比較，你就會心領神會了。

『廉府坐命』的人，僕役宮中有『陽梁』，時間生得好，就會有『陽梁昌祿』格，普通他們都會走官途、教職、做公務員等職業，一生是不愁吃穿的。『廉府坐命』的人，真正要擔心的是夫妻宮為『破軍』，會有多次婚姻或嫁娶到不適合自己的人。

注意事項：做父母的人若要為子女選擇『廉府坐命』，一定要選命坐『戌』宮的命格，且要注意丙年有『廉貞化忌』在命宮，是不佳的命格，乙、丙、戊、辛、壬年有『擎羊』在命宮或相照會形成『廉殺羊』、『廉殺陀』格局，有意外血光死亡的惡運，必須要小心才好。

『太陰坐命』巳、亥宮的人

在『紫微在子』的命盤格式中，太陰坐命的人，是命坐『巳』宮為陷落的人。

而在『紫微在午』的命盤格式中，太陰坐命的人，是命坐『亥』宮為居廟旺的人。

『太陰坐命』的人，外表都有陰柔、文質彬彬的外表，而內在卻容易衝動、性急、喜歡幻想、猜忌心重。容易感情用事，是心靈脆弱的人。男性的太陰坐命者，會有點兒娘娘腔，沒有魄力。女性的太陰坐命者，卻是溫柔又多愁善感的柔性佳人。無論男女，他們都是非常具有異性緣的人，也喜歡談情說愛，常有情感上的困擾。

『太陰坐命亥宮』居旺的人，是具有『日月共明』格局的人，當然一生運氣比較好。而且他們的『命、財、官』三合宮位和遷移宮合起來很容易形式『陽梁昌祿』格和『機月同梁』格的雙重合局，會做公職上的官位。就像台北市馬英九先生就是具有這種雙重格局的『太陰坐命亥宮』的人。

『太陰坐命巳宮』的人，因本身命宮主星為財星居陷位，運氣就差多了，外在的環境不佳，事業宮的『太陽、天梁』都不在旺位。事業的境況只是一般小公務員或薪水階級罷了。中、老年以後都會有一些家財足以養老。

『太陰坐命』的人，父母宮是『貪狼』，父母有唯我獨尊的觀念，與子女很難溝通。兄弟宮是『廉府』，會有善於交際的兄弟姐妹，也會與兄弟姐妹的感情較佳。夫妻宮為空宮，有『陽梁相照』。太陰坐命的人，性格陰柔，會受太陽相吸引的影響，其配偶肯定是大臉，具有陽剛率直個性的人，並且倍受其照顧。

『太陰坐命』巳、亥宮的人，一定要生陽男、陰女順時針方向行運的人，一生的運氣較佳，也容易有出人頭地的機會。

注意事項：父母若要為子女挑選『太陰坐命』巳、亥宮的人，一定要選擇『命宮坐亥宮』的命格才會高，一生較富足(馬英九總統即是此命格)。並要注意乙年有『太陰化忌』，丁年、癸年有『陀羅』在命宮或相照，戊年命宮對宮有『天機化忌』相照，這些都是有傷命格的問題，千萬要注意。

『貪狼坐命』子、午宮的人

在『紫微在子』命盤格式中，貪狼坐命的人，是命坐『午』宮。

在『紫微在午』的命盤格式中，貪狼坐命的人，是命坐『子』宮。

因對宮遷移宮中的『紫微星』所居旺度的不同，而帶給這兩種貪狼坐命的人有程度不同的好境遇。其中則要以貪狼坐命『子』宮的人，運氣最好，一生快樂幸福多。

『貪狼坐命』子、午宮的人，臉型為長圓型，鵝蛋臉，面貌秀氣，身體體型高大，有玉樹臨風的體態。在性格上，頭腦好、反應快，說話與做事的速度快，性急不耐靜。喜怒無常，不定性。學習能力很強，凡事一學便會，為人自傲，喜歡掩飾自己的缺點。

貪狼是『貪星』，凡是『貪狼坐命』的人，多有很強大、無盡的慾望，一生最喜大場面，好大喜功，嫉妒心也最重，凡事愛爭。做事性急潦草，想快速完成，常虎頭蛇尾、馬馬虎虎。**貪狼星是大桃花星，命坐『子』宮為『泛水桃花』格局**，容易貪戀酒色。

『貪狼坐命』子、午宮的人，因對宮有紫微星的影響，一生運好，會有較高尚的環境，終身不會受到不受尊敬，不公平的待遇。而其人非常有口才及文藝修養，但為人圓滑，常與人保持距離，不會對人吐露心聲，從來也不會得罪任何人。自己煩惱時便躲起來或到外地散心旅行。心情好時再出現在大家的面前。

『貪狼坐命』子、午宮的人，父母宮是『同巨』，與父母之間有代溝，家中常有紛爭，與父母緣薄，或是幼年較少與父母在一起相處。兄弟宮是『太陰星』，**貪狼坐命『子』宮的人**，與姐妹的感情親密。**命坐**

『午』宮的人，因兄弟宮為『太陰陷落』的關係，與姐妹之間不親密，相助的能力也有限。夫妻宮是『廉貞、天府』，夫妻之間有相同的興趣。其配偶是最善於交際應酬之人，並可由其配偶處帶來財富。『貪狼坐命』子、午宮的人，不喜歡束縛，通常他們都晚婚、不婚，這也是桃花與受沖剋的一種現象。

『貪狼坐命』子、午宮的人，在『命、財、官』三合宮位裡，也是正逢『殺、破、狼』格局的人，一生變化起伏大，容易得到偏財運，只要時辰生的好，在命宮或對宮有火星、鈴星出現，便會擁有『火貪格』、『鈴貪格』的偏財運，一生爆發財運好多次，每逢子、午年暴發。其財帛宮是『破軍』，是不斷打拚、外出奮戰的賺錢模式，一定要動才會有錢。但是『破軍』有破耗及爭戰的本質。因此是根本存不了錢。

另外，他們的事業宮是『七殺』，這也是戰將打拚的形態。

生辰八字一把罩

貪狼屬木，『貪狼坐命』子、午宮的人，最容易做教職和文化業、出版業的工作。己年有『貪狼化權』在命宮的人，最能掌握機會，成為知名之士。戊年雖有『貪狼化祿』在命宮，但會有擎羊星也在命宮或對宮相照，對財運或一生運途會稍受影響。

『貪狼坐命』子、午宮的人，若時辰生的好，也能有『陽梁昌祿』格，一生會走學術與教書路線。但是文昌、文曲不可與貪同坐命宮，否則其人會有政事顛倒，頭腦不清、做事反覆無常，是非黑白顛倒的問題出現。

注意事項：父母若要為子女選擇『貪狼坐命子、午宮』的命格，當以坐命子宮有『日月共明』格局為佳。

切記：癸年有貪狼化忌不可選，丙、戊、壬年有擎羊星會與命宮同宮或照會也不能選，否則會有傷災、陰險，對一生運程有刑剋的問題。

另外還要注意時辰問題，不能讓文昌、文曲進入子、午宮和命宮同宮或在相照的位置，以防頭腦不清、政事顛倒，影響一生命格。

『武相坐命』寅、申宮的人

在**『紫微在子』命盤格式中**，武相坐命的人，是命坐『申』宮。

在**『紫微在午』的命盤格式中**，武相坐命的人，是命坐『寅』宮。

『武相坐命』寅、申宮的人，擁有長圓型臉型，外表穩重，剛直、厚道。體型中等，身材會胖胖壯壯的。因命宮中有『天相』是福星居廟的關係，特別喜好美食與享受。也特別愛服務人群，愛管別人的閒事。

『武相坐命』的人，主觀意識很強，對是非善惡及人際關係中的辨別能力很強。事業心也很強烈。因為官祿宮是『紫微』的緣故。並且擁有最佳的辦事能力。財帛宮是『廉貞、天府』，必須運用智慧來企劃、經營才能得財，但財運頗豐。

『武相坐命』的人，一生受到父母的良好照顧。父母宮是『太陽、天梁』，若時辰生的好，形成『陽梁昌祿』格，便會一生平順，有大富貴。兄弟宮為『同巨』，沒有兄弟，或有同父異母的兄弟彼此不相往來。夫妻宮為『貪狼星』，婚姻運欠佳，可能會嫁娶到性格與品行和自己有極大差異的人，成為終身的困擾。

『武相坐命』的人，田宅宮是『天機居平』，會有家宅不寧和存不住錢的問題，因此他們也很難保有房地產，若做公職，住公家宿舍便無此煩惱了。

『武相坐命』的人，因『殺、破、狼』格局存在於『夫、遷、福』三合宮位中，一生屬於勞碌，愛享福，又享不到福的人。所以他們也轉而向物質生活享受上取得平衡。

注意事項：父母若要為子女選擇『武相坐命』的命格，**以坐命『寅』宮較佳，會『日月共明』的格局**。若再找對時辰，具有『陽梁昌祿』格必定有一生富貴的命運。

切記：壬年有『武曲化忌』，甲年有『太陽化忌』，乙、辛年有『陀羅』在命宮，會影響到人的智慧與一生的運程，這是必須注意的事情。

『七殺坐命』辰、戌宮的人

在**『紫微在子』**命盤格局裡，七殺必坐命『戌宮』。

在**『紫微在午』的命盤格式中**，七殺必坐命於『辰宮』。

『七殺坐命』的人都很好認，擁有一雙大眼，瞳孔很大，臉色凝重嚴肅，不苟言笑。臉型方長。體型不高、略矮，有骨重或骨骼厚實的感覺通常他們都不會很胖。小時候都有身體不佳、不好養的情況。長大後較健康。一生傷災多、且多開刀、血光等意外事件。

『七殺坐命』辰、戌宮的人，與父母及子女的關係較差。與同輩及夫妻間的關係較和諧。他們的父母宮為『天機居平』，有相處不佳的父母親，或者是父母其中之一早逝等現象。他們的兄弟宮是『太陽、天梁』，

尤其是坐命『辰』宮的人，會擁有能照顧他，對他幫助很大的兄弟姐妹。夫妻宮是『武曲、天相』，也會擁有情感穩定、性格直爽、明理且能幫忙事業的配偶。

『七殺坐命』辰、戌宮的人，財帛宮是『貪狼』。這是擁有無限機會的好運。倘若『貪狼』能會火星、鈴星在財帛宮出現時，會產生暴發運程，在子、午年有偏財運。

『七殺坐命』辰、戌宮的人，倘若時辰生的好，在卯、酉、子、午宮有文昌及祿星進入時也能形成『陽梁昌祿』格，一生的命格較高，做政府官員、高級公務員，或者是大公司的老闆，事業形態也會規模很大。

『七殺坐命』辰、戌宮的人，官祿宮為『破軍』，必須付出極大的耐心與開創力量來打拼事業，因『破軍』只居得地之位，最好有化權、化祿來相助，才能添加力量。因此甲年生和癸年生的人，在事業上就比較佔優勢了。此外，戊年生的人有『貪狼化祿』、己年生的人有『貪狼化權』在財帛宮，也是得財很多的人。

注意事項：父母若要為子女選用『七殺坐命』辰、戌宮。**則以『七殺坐命辰宮』為佳**。因為有『日月共明』以及『陽梁昌祿』格皆在旺位，只要年干與時辰算得好，也會是很好的命格。

『天機坐命』巳、亥宮的人

在『**紫微在子**』**命盤格式中**，天機坐命的人，是命坐在『亥』宮。

在『**紫微在午**』**命盤格式中**，天機坐命的人，是命坐在『巳』宮。

『天機坐命』巳、亥宮的人，都是命宮居陷位的人，身材較瘦、纖細、較矮。臉型呈小長方型。因對宮太陰星的影響，溫和而秀麗，但也有情緒容易起伏的缺點。他們多機謀，又善變，脾氣有時暴躁，有時又溫和仁慈。倘若有天才同宮於命宮，是智商高的天才型人物。

『天機坐命』巳、亥宮的人，除了兄弟宮是『七殺』，與兄弟相處不和睦之外，父母宮是『紫微』，父母對他照顧最好，緣份最深。夫妻宮是『陽梁』，會與他自己年紀大的配偶結婚，一生受到良好的照顧，並且生活快樂。子女宮是『武相』，與子女也緣份深厚，一生幸福快樂。由其可見，『天機坐命』巳、宮的人，是家庭與感情生活美滿的人。

『天機坐命』巳、亥宮的人，唯一比較差的是『命、財、官』三方宮位。財帛宮是『天同、巨門』，雖屬不吉，但是本命可形成『機月同梁』格，會有固定的職業拿薪水做公職，得以穩定生活。此外他們在與朋友的交往上，非常有交際能力，也能有朋友在經濟方面的幫助生財。還有他們的配偶也能在錢財上照顧他們，使他們沒有後顧之憂。

『天機坐命』巳、亥宮的人，若是時辰生的好，也能具有『陽梁昌祿』格，對他一生的命格與運程都有極大的幫助，福份也能多享一點。他們的田宅宮為『破軍』，一直要奮鬥到老一點才會有房地產，中年以前得到的房地產總留不住，會破財賣掉。

注意事項：父母若要為子女選擇此『天機坐命巳、亥宮』的命格，**要選擇『天機坐命巳宮』的命格較佳**。會有『日月共明』的格局。並且天機屬木，在巳、午火鄉，較會有木火通明的文章秀氣。

戊年有『天機化忌』，丁、巳、亥年有『陀羅』在命宮或對宮相照，為人較笨，或常自作聰明，一生運程也愈弄愈糟，是不好的命格，千萬要小心排除。

第二節 『紫微在丑』、『紫微在未』命盤格式中各種命格的人

2.紫微在丑

廉貞(陷) 貪狼(陷) 巳	巨門(旺) 午	天相(得) 未	天同(旺) 天梁(陷) 申
太陰(陷) 辰			武曲(平) 七殺(旺) 酉
天府(得) 卯			太陽(陷) 戌
寅	紫微(廟) 破軍(旺) 丑	天機(廟) 子	亥

8.紫微在未

巳	天機(廟) 午	紫微(廟) 破軍(旺) 未	申
太陽(旺) 辰			天府(旺) 酉
武曲(平) 七殺(旺) 卯			太陰(旺) 戌
天同(平) 天梁(廟) 寅	天相(廟) 丑	巨門(旺) 子	廉貞(陷) 貪狼(陷) 亥

在『紫微在丑』、『紫微在未』兩個命盤格式，是相互顛倒的格局。

在這兩個命盤格式中都分別有兩個空宮。因此屬於這兩個命盤格式的人，在行運上，在十二個地支年為『一輪』時，也會多兩年空宮弱運的日子。

『天機坐命』子、午宮的人

在**『紫微在丑』命盤格式中**，天機坐命的人，必坐命於『子宮』。

在**『紫微在未』命盤格式中**，天機坐命的人，必坐命於『午宮』。

『天機坐命』子、午宮的人，因其遷移宮是『巨門』，故而一生是非多，在家中不平靜，口舌爭吵不斷。他的父母宮是『紫破』，父母雖有高地位，給他的恩澤多，但彼此還是不和睦。而兄弟宮是空宮，有『廉貪居陷相照』，兄弟姊妹之間的關係極差，相互招災，相互拖累，彼此也不和睦。**命坐『午』宮的人**，夫妻宮的『太陽居旺』，比較會有能提高自己身份地位的配偶出現，彼此關係也較良好。**而命坐『子』宮的人**，因夫妻宮的『太陽居陷位』，無法擁有和諧的婚姻，彼此不和。子女宮有『武曲、七殺』，主無子或有傷殘之子的命格。

『天機坐命』的人很好動。倘若命宮中有化權同宮，或對宮有『巨門化權』來相照的人，一生就能掌握變動的機運，愈變愈好，停下來就運氣不好。

『天機坐命』子、午宮的人，雖然聰明，並不喜歡讀書，能夠大學畢業，已經阿彌陀佛了。在『紫微在丑』、『紫微在未』這兩個命盤格式很難形成『陽梁昌祿』格，因此此命格的人很難以讀書學歷來取貴。

『天機坐命』子、午宮的人『命、財、官』三方即是『機月同梁』格，可做薪水階級、公務員、上班族。財帛宮是『同梁』。**命坐『午』宮的人**，可得父母、長輩相助的貴人財。再加上官祿宮又是『太陰居旺』，事業上帶來的財富較多。**天機坐命『子』宮的人**，財帛宮中的『天同居旺、天梁陷落』，是一種較懶惰無法奮發，又得不到貴人照顧的進財模式，官祿宮為『太陰陷落』，在事業上賺到的錢財只夠糊口罷了。

『天機坐命』子、午宮的人，倘若『命、財、官』以及『福德宮』有煞星進入時，是一生勞碌，心計險惡的人。因此特別要注意選用的問題。

注意事項：做父母的人若要為子女選用『天機坐命子、午』宮的命格時，**應選擇命坐『午』宮較佳**，有『日月共明』的格局，多一些平順的運氣。在戊年有『天機化忌、擎羊星』在命宮，以及丙、壬年有『擎羊星』在命宮或對宮相照，都是不好的生辰年份，此命格勿取。

『紫破坐命』丑、未宮的人

在**『紫微在丑』命盤格式中**，紫破坐命的人，是坐命在『丑』宮。在**『紫微在未』命盤格式中**，紫破坐命的人，是坐命在『未』宮。

『紫破坐命』的人，臉型方正、臉頰寬闊、嘴巴大、外表體面、膚色較土黑色。個子不高。頗具武將風格。有威嚴，判斷力強，思想善變、喜歡勞心勞力。他們的性格很衝、膽子大、有個性，對別人及生活和工作環境中常不滿意，慾望也大，常不滿足，耗財多，人生始終是處在一個波動不安的局面。

『紫破坐命』的人，財帛宮中有『武曲、七殺』二星，這是一種必須付出很多勞力與辛苦才能賺到錢的人。官祿宮之坐星『廉貞、貪狼』

皆居陷位，大都會出現在勞工階級、低層的薪水階級之中。

『紫破坐命』的人，在六親關係中都不算好。父母宮是空宮，有『同梁相照』。**命宮在『未』宮的人會好一點**，但也與父母緣份不會很深，幼年可能由別人帶大，**命坐『丑』宮的人**，與父母緣份更淺了。兄弟宮是『天機星』，雖然居旺，但也是家中是非很多，兄弟關係有起伏。夫妻宮為空宮，有『廉貪居陷相照』，會有多次婚姻。夫妻間關係不順暢，聚少離多較好。

『紫破坐命』者的優點就是膽子大、敢衝、喜歡開拓打拼，又喜歡與三教九流的人來往，倘若命宮中有左輔、右弼，或者有『紫微化權(壬年生)』、『破軍化權(甲年生)』、『破軍化祿(癸年生)』、『紫微化科(乙年生)』的人，可以往政界發展，也可有一番作為。若煞星沖照多的人，只為一事無成的無賴了。若命宮三合四方宮位桃花星照守多的人，也只是沉迷酒色中影響一生事業的人了。

注意事項：做父母的人若要為了子女選用『紫破坐命』的命格時，**應選擇『紫破坐命未宮』的命格**，才會有『日月共明』的格局。**並且甲年生有『破軍化權』、乙年生有『紫微化科』、壬年生有『紫微化權』都是較好的生年命格**，可以好好把握。不可生於丁年、己年、癸年，會有『擎羊』在命、遷二宮出現，不吉，身體會有暗疾。

『同梁坐命』寅、申宮的人

在『紫微在丑』命盤格式中，『天同、天梁』坐命的人，主要是指坐命『申』宮的人。而命坐『寅』宮為空宮，有同梁相照的人，其性格、相貌一切的因緣、運程，也大致和同梁坐命『申』宮的人相似，請參看之。

在『紫微在未』的命盤格式中，『同梁坐命』的人，是指坐命『寅』宮的人。而命坐『申』宮為空宮，有『同梁』相照的人，其性格、相貌，一切的因緣、運程也與命坐『寅』宮的人相類似，請參看之。

『同梁坐命』的人，具有溫和好脾氣的外貌，對外人很熱心、服務熱誠、話多、喜歡往外跑，在家閒不住。實則內在的脾氣固執，很難能勸服遊說得動他們。『同梁坐命』的人好聊天、好動。臉型是長方形、大臉的人。相貌和藹、人緣好、擅於外交，更擅於掩飾自己的小毛病。他們多半桃花重。命宮中再有桃花星同宮或相照者多的人，易為桃花糾纏，一生難有作為。

『同梁坐命』的人，屬於家宅不寧的人。他們除了兄弟宮較好是

『天相』，會擁有正直、規矩的兄弟姊妹，彼此感情融洽親密之外，父母宮是『武曲、七殺』，父母很忙碌，賺的錢又少，與他之間的關係相互刑剋，緣薄。『同梁坐命』者的父母親大多會從事軍警業，或忙碌、職等不高的行業，與他聚少離多，或離婚有生離死別之苦。他的夫妻宮是『巨門』，與配偶間是非口舌不斷，爭吵也多，並會擁有善妒而性情乖僻的配偶。子女宮是廉貪陷落，會擁有不好教養的子女，彼此感情更差。

『同梁坐命』的人，『命、財、官』三方也是『機月同梁』格，適合做薪水階級，做服務業最佳，房地產買賣、業務員、仲介業會做得不錯。他們的財帛宮是『太陰』、官祿宮是『天機星』。必定會做變化多端的行業。**命坐『寅』宮的人**，奮發力與財運都較好。『命、財、官』三方宮位中再有化權、化祿、祿存的人，事業較會有發展，財富也較多。有化忌或羊陀、火、鈴、劫空存在於『命、財、官』三方宮位中的人，一生起伏變化多，也無法充分掌握好運與財運，一生較辛苦勞碌。再加上他們的田宅宮(財庫)是空宮，有『廉貪相照』的局面，一生的財運想要留存積蓄、房地產是很難的了。

注意事項：若父母想要為子女選擇『同梁坐命』為命格的人，必須注意要選『命坐寅宮』有『日月共明』格局的命格較佳。丙年生有『天同化祿』、丁年生有『天同化權』、壬年生有『天梁化權』格較好。此外甲年有『祿存』在命宮或對宮相照也是不錯的。在這個命格中要注意的是乙年雖有『天梁化權』在命宮，但有『太陰化忌』在財帛宮，金錢運仍是不順利的。另外戊年生有『天機化忌』在事業宮的人，在讀書與事業運程中也是不順利的。更要注意乙年、辛年生的人有『陀羅』會在命、遷二宮出現，會有傷災及性格慢吞吞，其人一生不順的狀況。

『天府坐命』卯、酉宮的人

在『紫微在丑』的命盤格式中，天府坐命的人，是命坐『卯』宮的人。

在『紫微在未』的命盤格式中，天府坐命的人，是命坐『酉』宮的人。

『天府坐命』卯、酉宮的人，會有白皙的皮膚，文靜秀氣的外表，長方臉、身材不高、中等、略瘦。性格為外柔內剛，有忠厚、老實的外表。做事較無魄力、衝勁、凡事按部就班，屬於行動緩慢，就有原則的人。很會算帳，精通會計。也很小氣吝嗇，對錢財很愛惜，不會輕易借給別人。此外，『天府坐命』的人很愛物質享受，一般他們在精神上都比較孤獨，因此注意物質生活上的享受。

『天府坐命』卯、酉宮的人，其遷移宮是武曲、七殺，賺錢十分辛苦，且財富不多。他們的財帛宮是空宮有廉貪相照，更是手中可資運用流動的錢財少，可享的福也少。官祿宮為天相，適合做公教人員，有一份固定的薪水，或在大企業中任會計、總務部門的職務為佳。一生本本份份、安居樂業。

『天府坐命』卯、酉宮的人，也有家宅不寧的問題。命坐『酉』宮的人，父母宮的『太陰星居旺』，尚能與母親親密，並能得到祖產。**而命坐『卯』宮的人**，父母宮的『太陰星是陷落』的，與母親不和。兄弟宮是空宮，有『同梁相照』，不是與兄弟感情淡薄，就是無兄弟，或有同父異母的兄弟姊妹。他的夫妻宮是『紫破』，有外表體面，但性格、品行與事業不佳的配偶，彼此有刑剋不睦的狀況。子女宮為『天機居旺』，子女聰明活潑，亦可能有庶出者。

『天府坐命』酉宮者，以朋友宮最好，有溫和、能幫助他的貴人助其生財。台灣首富蔡萬霖先生就是『天府坐命酉宮』的人，每日保險業進帳的金額有三億多元，此為僕役宮（朋友宮）最佳助益的結果。

注意事項：若父母要為子女選用『天府坐命卯、酉宮』的命格，**當以坐命『酉』宮為第一考量**。因命格中『日月共明』又有居旺的僕役宮來相助，運程較順利。並且與父母的緣份也較好。

切記：此命格中丙年生有『廉貞化忌』、癸年生有『貪狼化忌』在福德宮之中，是不可輕易選擇的出生年份。更要小心勿生於甲年、庚年，以防命宮有『擎羊』同宮刑財。

『太陰坐命』辰、戌宮的人

在**『紫微在丑』命盤格式中**，太陰坐命的人，是命坐『辰』宮的人。在**『紫微在未』命盤格式中**，太陰坐命的人，是命坐『戌』宮的人。

『太陰坐命』辰、戌宮的人，圓臉帶方、貌美。身材中等略高，坐命『戌』宮的人較高又微胖。命坐『辰』宮的人較瘦又稍矮。因對宮有太陽的關係，是性格大方，有機智，喜歡思考以及感情細膩的人。**命坐『戌』宮的人**，較頑皮好動、性格開朗會早婚。**而命坐『辰』宮的人**，因對宮太陽居陷的關係，會比較內向、話少、不太愛表現。但他們都是隨和、平易近人、心性端正的人。

『太陰坐命』辰、戌宮的男子，亦有女兒態、陰柔的外表與行為態度。桃花重、易得女子之助而成功。但桃花星多來照守時，亦會因感情糾葛而一生無成就，或中途失敗。女子亦然。

『太陰坐命』須夜生者為佳。日生者，縱然是命坐戌宮居旺亦有傷剋。

『太陰坐命辰宮』者居陷，太陰為財星，財星居陷，一生財少。外在的環境(遷移宮)為『太陽陷落』，也晦暗不佳。此人一生的格局是『機月同梁』格，做薪水階級、小職員。

『太陰坐命戌宮』的人，遷移宮中的『太陽居旺』，一生的運氣較好。『命、財、官』雖也同樣是形成『機月同梁格，但此格中『太陰、天梁』都是居旺、居廟位的，因此在生活的型態上，也比命坐『辰』宮的人要舒適、命好。

『太陰坐命』辰、戌宮的人，除了兄弟姊妹之間的關係，相處還愉快之外，與其他親屬之間的關係都很淡薄、緣淺。父母宮為『廉貪』，父母之間不和，也影響到他們的生活不好。他們與父母也關係惡劣，無法溝通。夫妻宮是空宮，有『同梁相照』，容易同居無法結婚，或有不正常的婚姻關係。子女宮是『紫破』，與子女不合，或有生離死別之現象。僕役宮(朋友宮)又是『武曲、七殺』，朋友中多剛強欺主之人，常背叛，也無法談心事深交。

『太陰坐命』辰、戌宮的人，因福德宮是『巨門』，一生是非口舌多、辛勞奔波，無福可享，倘若『命、財、官』及福德宮中有羊、陀、火、鈴、化忌進入，更是命運坎坷，一生不順。尤其命宮中有擎羊、化忌星入內的人，容易自殺身亡。影星于楓，便是『太陰、擎羊』坐命戌宮的人。

『太陰坐命辰宮』的人，若命宮或對宮有文曲、文昌同宮或相照，有陰福，可做命理師，但一生較清苦。

注意事項：若父母要為子女選用『太陰坐命辰、戌宮』的命格時，應以命坐『戌』宮者為佳。因有『日月共明』之格局。命宮主星『太陰財星』也會是居旺的命格。

切記：乙年有『擎羊及太陰化忌』在命宮，辛年有『擎羊』在命宮會相照，丙、戊、壬年有『陀羅』在命宮或相照，都是不好的命格，必須要避免。

權祿科
殺破狼

『廉貪坐命』巳、亥宮的人

在『紫微在丑』命盤格式中，廉貞、貪狼坐命的人，是命坐『巳』宮。

在『紫微在未』命盤格式中，廉貞、貪狼坐命的人，是命坐『亥』宮。

在『紫微在丑』命盤格式中，命坐『亥』宮為空宮，有『廉貪相照』的人，一般也會視作廉貪坐命的人，他們一生的運程、財運與六親關係也會和『廉貪坐命巳』宮的人一樣，有相同的行運方式，故可一併參照。

在『紫微在未』命盤格式中，命坐『巳』宮為空宮，有『廉貪相照』的人，其行運方式也與『廉貪坐命亥宮』的人相同，故亦可相互參照。

『廉貪坐命』巳、亥宮的人，因命宮中的『廉貞、貪狼』兩星俱在陷位，兩星又同是桃花星，桃花糾葛多，但一般的人緣差，一生的運程也不佳。他們有較寬的臉頰、中高的身材、喜歡酒色、財氣。命宮中有文曲星同宮或相照的人較矮，但也有中等身材。普通他們都是口才好、多講少做、幻想多、意見也多，但十分沒主見的人。此命的男子多招桃花是非、是好色無制之人。此命的女子尤其潑辣、桃花不斷、為邪淫桃花。**命宮中有『陀羅星』的人更甚，為『風流彩杖』格**，會因酒色得病、破財、喪生。

『廉貪坐命』巳、亥宮的人，命宮中有地劫、天空入宮或相照的人桃花會減少，但也很令人討厭、沒有人緣。若有化忌在命宮的人，一生是非、災禍不斷、非常麻煩。

『廉貪坐命』巳、亥宮的人，兄弟宮為『太陰』。**坐命『亥宮』的人**，會與姊妹情深，並得財相助。**坐命『巳宮』的人**，與兄弟姊妹不合。夫妻宮是『天府』，這是最好的宮位，會擁有財力相助的配偶，並且相處和諧。父母宮是『巨門』，擁有較嚴苛的父母，與父母之間的感情不佳。子女宮是『空宮，有同梁相照』，與子女的緣份不深。他們的朋友宮是『太陽』。**命坐『亥宮』的人**，朋友宮的『太陽居旺』，不但能擁有志同道合的好朋友，且有領導他們的力量。**命坐『巳宮』的人**，朋友皆是無名之輩，相處不佳。

廉貪坐命的人，『命、財、官』三方都不算好。財帛宮是『紫微、破軍』，必須積極打拼努力才能賺得到錢，但破財很多，花的比賺得多。官祿宮是『武曲、七殺』，多半是從事軍、警人員，一般文職很難做得下去。其人一生勞碌奔波、發展不大。若再有羊、陀、火、鈴、化忌、劫空進入『命、財、官』及遷移宮內，為非作歹，不走正途的人，比比皆是。

注意事項：『廉貪坐命』的人，一般被論作下賤孤寒之命，父母運氣不佳時，易生此命格的小孩。小時難教養，長大亦邪佞無行，一生沒有作為。男子多入歧途，女子易入娼妓，為人父母者，若多為自己著想，為社會著想，實不應多生此命格之人。

命宮中有化忌、陀羅者易製造是非混亂、危害他人。命宮再有火、鈴同宮相照者，有暴發運，但為邪佞之財的暴發運，也可能做出劫他人之財的不法勾當。此點宜為眾人所注意。

『巨門坐命』子、午宮的人

在**『紫微在丑』命盤格式中**，巨門坐命的人，是命坐『午』宮的人。在**『紫微在未』命盤格式中**，巨門坐命的人，是命坐『子』宮的人。

巨門屬水，以坐命『子』宮較佳。若有化權、化祿來同宮，為『石中隱玉』格，一生的富貴較高，才智較好。

『巨門坐命』子、午宮為居旺，其人有方長型臉型，身材中高稍胖大。一生是非多、口舌便佞，較勞碌，但他們的口才很好可以做政治人物、民意代表、前途無量。謝長廷先生便是巨門坐命子宮的人。

『巨門坐命』子、午宮的人，在性格上依然有巨門的特性，例如喜歡嘮叨、不滿足現狀，與不滿周遭的環境。注重小節，凡事很挑剔。疑心病重、性情讓人捉摸不定。一生口舌是非多，但他們都有辦法來化解。

『巨門坐命』子、午宮的人，父母宮是『天相』，與父母緣份好，從小受到父母的良好照顧，得到父母的喜愛，一生也與父母和諧融洽。他們的兄弟宮是『廉貪』，彼此無緣、相互招災拖累。夫妻宮是『太陰』，**命坐『子』宮的人**，『太陰居旺』，能有妻財，並且夫妻相處很恩愛。**命坐『午』宮的人**，『太陰居陷』，夫妻感情陰晴不定，相處有隔閡。子女宮為『天府』，會擁有緣份好的子女。他們的朋友宮是『空宮』，與朋友沒有很深的交情，普通兩、三個月便會換一批人，並且朋友中的素質不高，彼此以利害為出發點。

『巨門坐命』子、午宮的人，財帛宮是『空宮，有同梁相照』，**命坐『子』宮的人**，尚可有貴人助財。**命坐『午』宮的人**，奮發力不夠，較懶惰，若空宮中再進入陀羅星，更是金錢時常拮据的情形了。官祿宮是『太陽』。**命坐『子』宮的人**，官祿宮為『太陽居旺』，事業較可得到發展，並且在男人為主的事業團體中展露頭角。**而命坐『午』宮的人**，官祿宮為『太陽居陷』，在男人社會中沒有競爭力，事業也一蹶不振。

注意事項：若父母要為子女選擇『巨門坐命子、午宮』為命格，則要以『命坐子宮』者為佳。並且癸年有『巨門化權』、辛年有『巨門化祿』，一生較有出息，做政治人物、律師、民意代表很有機會。

切記：丁年生有『巨門化忌』，丙、戊、壬年生有『擎羊星』在命宮或相照者，皆為不佳之命格，請勿取用。

『天相坐命』丑、未宮的人

在『紫微在丑』命盤格式中，天相坐命的人，是命坐『未』宮的人。在『紫微在未』命盤格式中，天相坐命的人，是命坐『丑』宮的人。

『天相坐命』丑、未宮的人，因天相在『丑』宮居廟，在『未』宮居得地之位，因此天相居『丑』宮坐命的人會長得身材高大、比較胖壯。**而命坐『未』宮的人，身材中等略瘦**。他們的臉型為長方臉。外表溫和、老實忠厚、一付老好人的模樣。非常有正義感、樂於為人服務、一生勤勞節儉、任勞任怨，是一個值得信賴的人。

『天相坐命』丑、未宮的人六親關係中，父母宮是『同梁』，與父母相處和諧，父母也是溫和善良的好人。兄弟宮是『巨門居旺』，與兄弟姊妹的口舌爭執多，吵吵鬧鬧很熱鬧。他們最大的問題在於夫妻宮是『廉貞、貪狼』俱陷落，會嫁或娶到品行不佳的配偶，在情感上易受挫折。子女宮為『太陰』，子女為溫和乖巧的小孩。**天相坐命於『丑』宮的人**，與子女緣份深，且小孩多。**天相坐命『未』宮的人**，子女少，與子女的緣份也較輕。

『天相坐命』丑、未宮的人，其遷移宮是『紫破』，很能刻苦耐勞、奮發向上。命宮有火鈴沖破，易有傷殘現象。其財帛宮是『天府』，一生手邊富裕，沒有用錢的煩惱。

『天相坐命』丑、未宮的人，因官祿宮為『空宮』，又有『廉貪相照』，一生職位都不會很高的狀況。因此他們是以存錢致富為主要運程型態。**命坐『丑』宮的人**，因田宅宮的『太陽是居旺』的格式，故房地產愈來愈多，財庫豐滿。**命坐『未』宮的人**，因田宅宮的『太陽是居陷』的，因此，房地產會進進出出，最後不會留下很多。

注意事項：父母若要為子女選用『天相坐命丑、未宮』的命格，應以『天相坐命丑宮』為佳。因有『日月共明』的佳格，人會長得有福相，也比較高大，而且田宅宮的『太陽會居旺』，財富較多。子女緣份也較好。要小心丁年、己年、癸年生人，會有『擎羊』在命、遷二宮出現，不吉。甲年、庚年會有『陀羅』在命、遷二宮出現，也要小心。

紫廉武

昌曲左右

『武殺坐命』卯、酉宮的人

在『紫微在丑』命盤格式中，武曲、七殺坐命的人，是命坐『酉』宮的人。

在『紫微在未』命盤格式中，武殺坐命的人，是命坐『卯』宮的人。

『武殺坐命』卯、酉宮的人，因『武相財星居平、七殺居旺』的影響。他們的相貌上以七殺形成的特點較多。他們擁有圓圓的臉型。身材不高略矮，身體胖胖壯壯的、腰背較厚。其人的臉上皮膚會較粗、膚色比較黝黑。他們也擁有大眼睛、大瞳孔、外表溫和，但帶有威嚴。性情耿直、剛強、頑固、好勝心強、凡事不認輸、好拼，一生比較勞碌。平常他們是話少的人，做事直接，且遇事斬釘截鐵、很乾脆。

「武殺坐命」卯、酉宮的人，與家人六親關係都不錯，算是好命的人。他們只與子女較多口舌是非。子女不服管教的情況較嚴重。他們的父母宮是『太陽』。**命坐『卯』宮的人**，『太陽居旺』，與父母緣份深，且相處和諧。**命坐『酉』宮的人**，與父親較不合，也會發生父親早逝的問題。他們的兄弟宮是『同梁』，與兄弟姊妹之間相處和諧。命坐『卯』宮的人，較能得到兄弟姊妹的照顧與幫助。命坐『酉』宮的人，只是相處平和罷了。

「武殺坐命」卯、酉宮的人，夫妻關係是最讓人艷羨的了。他們的夫妻宮是『天相』，擁有美滿和諧的婚姻。

「武殺坐命」卯、酉宮的人，『命、財、官』三方也都處在『殺、破、狼』格局上，一生起伏不定。財帛宮是『廉貪』，這是得財辛苦又少的形式。官祿宮為『紫破』，必須極力打拼，才會擁有稍高職位。整個綜合起來，『武殺坐命』的人適合做軍、警業，或與電子、金屬有關的行業，工作場合是雜亂而事煩的狀況。

『武殺坐命』卯、酉宮的人，一生在賺錢方面都比較辛苦，但他們有奮鬥意志。事業宮有紫微化權或破軍化權，事業會有很大的發展。命宮中有祿存、或有化祿的人，也較稍為富有一點。

注意事項：若父母要為子女選用『武殺坐命』的命格，**當以命坐『卯』宮，有『日月共明』格局**，從小在家中的生活較幸福舒適。在這個命局中，若要享受幸福生活，過平常一般人的日子，不太計較財富多寡的人可選用此命。小心甲年、庚年生人，有『擎羊』在命、遷二宮，形成『武殺羊』之『因財持刀』惡格，會被殺或殺人，不宜取。

『太陽坐命』辰、戌宮的人

在『紫微在丑』命盤格式中，太陽坐命的人，是命坐『戌』宮的人。在『紫微在未』命盤格式中，太陽坐命的人，是命坐『辰』宮的人。

『太陽坐命』辰、戌宮的人，因『對宮有太陰星相照』，其人在外觀上比較溫和、沉靜有氣質。命坐『辰』宮的人，因『太陽居旺』，性格比較開朗，且『日月相照』共明，運氣好，容易少年得志。若再是辛年生有『太陽化權』、庚年生有『太陽化祿』在命宮，或是戊年生有『太陰化權』相照、丁年生有『太陰化祿』相照的人，一生福厚，事業也會較有發展。**命坐『戌』宮的人**，因『太陽居陷』，為人較內斂，一生在男人的

生辰八字一把罩

社會中競爭力差，外在的環境不富裕，除非是財帛宮的『巨門』遇化權、化祿、或有祿存入宮，才會在財富上較富裕舒適。

『太陽坐命』辰、戌宮的人，官祿宮都是『空宮，有同梁相照』，『命坐辰宮』的人財運較好一點，但也要官祿宮中有文昌、文曲等吉星進入，不可有陀羅星、火、鈴、劫空等進入才可。

『太陽坐命』辰、戌宮的人，父母宮是『空宮，有廉貪相照』，與父母緣份薄，相處不佳。兄弟宮是『武殺』，兄弟也是難相處的人。但是他們的夫妻宮是『同梁』，子女宮是『天相』，都是關係較美滿、親密，因此『太陽坐命』辰、戌宮的人，要結婚以後較會享受到家庭的溫暖。並且他們的朋友宮是『天府』，能為他們帶來財運，可得到朋友極佳的幫助。由此可見，『太陽坐命』辰、戌宮的人，要即早離家才能獲得好運。

『太陽坐命』的人，都有圓圓的大臉，而太陽坐命辰、戌宮的人，因對宮有『太陰星』的關係，臉會呈長型。他們性格溫和、寬厚、大方、不計較，也容易原諒別人，是父母最好教養的小孩，同時也是社會上形象較佳的人類。

『太陽坐命』而命宮若居陷，再有『擎羊星』的人，會容易心情鬱悶，想不開時，容易自殺，必須注意。

注意事項：若父母要為子女選用『太陽坐命辰、戌』宮的命格時，**當以『命坐辰宮』者為佳**。一生的運程也較好。庚年有『太陽化祿』、辛年有『太陽化權』在命宮都是很好的命格。丁年有『太陰化祿』相照，戊年有『太陰化權』相照，對女性也極具影響力，都是很好的命格。

切記：乙、丙、戊、辛、壬年有擎羊星與陀羅會在命宮或相照的位置，必須小心。因此，戊、辛年生的人要多考慮，權衡利害，再使用此命格了。

第三節　『紫微在寅』、『紫微在申』命盤格式中各種命格的人

3.紫微在寅

巨門(旺) 巳	天相(廟) 廉貞(平) 午	天梁(旺) 未	七殺(廟) 申
貪狼(廟) 辰			天同(平) 酉
太陰(陷) 卯			武曲(廟) 戌
天府(廟) 紫微(旺) 寅	天機(陷) 丑	破軍(廟) 子	太陽(陷) 亥

9.紫微在申

太陽(旺) 巳	破軍(廟) 午	天機(陷) 未	天府(得) 紫微(旺) 申
武曲(廟) 辰			太陰(旺) 酉
天同(平) 卯			貪狼(廟) 戌
七殺(廟) 寅	天梁(旺) 丑	天相(廟) 廉貞(平) 子	巨門(旺) 亥

在『紫微在寅』、『紫微在申』兩個命盤格式中，『紫微在申』命盤格式被稱做『天下第一盤』，其他所有的命盤格局都是從『紫微在申』演變出來的。而『紫微在寅』命盤格式其中的星曜位置則恰好是與『紫微在申』命盤格式呈對調顛倒的型態出現。

『破軍坐命』子、午宮的人

在**『紫微在寅』命盤格式中**，破軍坐命的人，必坐命於『子宮』。在**『紫微在申』命盤格式中**，破軍坐命的人，必坐命於『午宮』。

『破軍坐命』子、午宮的人，命宮居廟地。其人臉型長方型、臉頰寬、嘴大、眉寬、有五短身材、腰背厚實。性格剛強、反覆不定、私心重、好勝心強、敢愛敢恨、報復心態與記恨心也重。他們一生幹勁十足，很喜歡創業，對新鮮的事物感到興趣，是一個善變的人。一生屬於破祖離鄉之命，並且會經歷過多次失敗才能成功。

『破軍坐命』子、午宮的人，夫妻宮和官祿宮，合照成『武貪格』暴發運(亦稱偏財運)，這是極大財富與事業成就的格局。己年有『武曲化祿』和『貪狼化權』的人，暴發格最為巨大和有力。庚年有『武曲化權』的人，暴發格也發得極大。但是暴發格出現在六親關係中對與親人的感情就不是很和諧了。『破軍坐命』子、午宮的人會擁有性情剛直多財富的配偶，但有不和睦的現象。

『破軍坐命』子、午宮的人，兄弟宮是『太陽』。坐命『子』宮的人，『太陽居陷位』，與兄弟感情淡薄。**命坐『午』宮的人，**兄弟宮中的『太陽居旺』，與兄弟姊妹感情好。如有太陽化忌出現的人，依然是是非多、情感不佳的。他們的父母宮皆是『天機居陷』，幼年即與父母不和、相剋。他們的子女宮是『天同』，會擁有溫和乖巧的兒女，緣份還不錯，相處和諧，他們的朋友宮是『巨門居旺』，在外是非多，朋友之間的爭鬥很厲害。

『破軍坐命』子、午宮的人，『命、財、官』三方就坐在『殺、破、狼』格局上，一生起伏變化很大。為人非常勞碌。他們的財帛宮是『七殺』，必須很辛苦付出勞力去賺取才能獲得錢財。官祿宮為『貪狼』，在事業上具有好的運道，並且官祿宮也是『武貪格』所在的位置，一生事業上會有極大的發展，但也大起大落，讓人咋舌。

『破軍坐命』子、午宮的人，都會比較浪費、容易有血光之災、開刀手術及車禍、跌傷破相等問題。命宮有『擎羊』同宮或相照的人更甚。甲年生有『破軍化權』在命宮的人，且得無煞星沖照，可為『英軍入廟格』，若再能選到丑時、巳時、酉時出生，會有『陽梁昌祿』格，可在政府為官，官資清顯。癸年生有『破軍化祿』的人也不錯。但是此命格的人最忌諱命宮四方三合宮位中有羊、陀、火、鈴、劫空來沖照，則為平凡而無成就之人，也會形態猥瑣、非善類。

另外『破軍坐命』子、午宮的人，更怕子、午宮進入文昌、文曲二星，會一生辛勞、窮困、遷徙流離、無法安定，且有水厄之災。

注意事項：做父母的人若要為子女選用『破軍坐命子、午宮』的命格，必須注意甲年雖有『破軍化權』，但有『太陽化忌』在兄弟宮，有『擎羊星』在子女宮或田宅宮，有『陀羅』在疾厄宮，容易形成駝背或六根不全、有官命，但一生情感很空虛。更必須注意文昌、文曲二星不能出現在子、午宮，不然全部白費力氣，一生貧困。更不可生於壬年、丙年，以防擎羊在命、遷二宮，也會影響一生命運，及有惡死現象。

『天機坐命』丑、未宮的人

在『紫微在寅』命盤格式中，天機坐命的人，是坐命在『丑』宮。

在『紫微在申』命盤格式中，天機坐命的人，是坐命在『未』宮。

『天機坐命』丑、未宮的人，因命宮居陷的關係，個子較矮瘦、外表溫和，但內在剛宜、天性極為聰明、善變，對宮因有『天梁星』的照會，多機謀、善權術，是具有軍師智謀的人。口才好、善辯論。

『天機坐命』丑、未宮的人，一生命運起伏大，尤其是陰年生的男子、陽年生的女子，幼年坎坷。乙年生命宮有『天機化祿』，對宮有『天梁相照』的人，年長以後做事業較有發展，但一生與女性不合，在性格上也會有古怪不合群的現象。

『天機坐命』丑、未宮的人，父母宮是『紫微、天府』，受父母的恩澤最大，且父母較有錢，會給他物質資源，但幼年家庭未必是完整幸福的。兄弟宮是『破軍』，兄弟性格剛毅、無羈，彼此不合。夫妻宮為『太陽』，**命坐『未』宮的人，夫妻宮『太陽居旺』**，會有較開朗的配偶，夫妻緣份較好。**命坐『丑』宮的人，夫妻宮『太陽居陷』**，會有悶不吭聲，但性格溫和的配偶，夫妻緣份較淺，有時不合。子女宮為『武曲』，子女較剛直、性格較衝、不好教養。

『天機坐命』丑、未宮的人，具有暴發運，在辰年、戌年會爆發。己年生的人，若有『武曲化祿』及『貪狼化權』，暴發力更強大，暴發的財富更多。倘若時間生的好，生在丑時、巳時、酉時，又生在乙年、丙年、丁年、戊年、辛年、壬年的人，會具有『陽梁昌祿』格，一生的學歷較高。這種『陽梁昌祿』格加上本命的『武貪格』，會發展極大的事業。再來『天機坐命』丑、未宮的人，本命就是『機月同梁』格這三種格局總括起來，做政府高級公務員或大機構中管理部門的高級職員是最適合的。因為此命的人不適合經商，只宜薪水階級的人。命中有上述三格，自然命格會增高，收入也會穩定了。

『天機坐命』丑、未宮的人，財帛宮是『天同居平』，官祿宮是『巨門』，最適合做公教人員、教書，用口才吃飯的行業。其人的田宅宮是『貪狼』，與房地產較無緣，因此以固定薪水為佳。

注意事項：做父母的人若要為子女選用『天機坐命』丑、未宮的人，**當以『天機坐命未宮』為佳**。因有『日月共明』的格局，一生多兩年好運。夫妻宮較好，財祿也會多一些。

切記：希望子女有暴發運的人，選此命格時，**應注意壬年有『武曲化忌』，乙、辛年有『擎羊』在辰、戌宮中相照**，暴發運會不發或發得很小，也會影響一生的命格。

甲、丁、己、庚、癸年會有擎羊、陀羅在命宮中或相照命宮，也會影響其人的命格。

『紫府坐命』寅、申宮的人

在『紫微在寅』命盤格式中，紫微、天府坐命的人，是坐命在『寅』宮。

在『紫微在申』命盤格式中，紫府坐命的人，必坐命於『申』宮。

『紫府坐命』寅、申宮的人，命坐『寅』宮的人，因天府居廟，紫微居旺，身材為中等略高的身型。**命坐『申』宮的人**，因天府只得地剛合格之位，身材為中等略高的身型。臉型長方型。外表忠厚老實、心性謹慎保守，但有才智、有領導能力。他們在幼年時，不是家庭有缺陷，就是自己本身的身體有缺陷或受傷、生病，因此養成性格較孤僻，但長大後會好一點。

「紫府坐命」寅、申宮的人，財帛宮是和福德宮相照合成『武貪格』，在錢財上具有暴發運、偏財運。己年生有『武昌化祿』、『貪狼化權』的人暴發運暴發時尤其有力，可創造極大的財富。**命坐『申』宮的人享受財富較久。而命坐『寅』宮的人**，因有『日月反背』的格局，暴發運後繼無力。財富會打折扣。他們同時也是極容易形成『陽梁昌祿』格的人，生在巳、酉、丑時，再加上有化祿和祿存出現在巳、酉、丑宮，便會擁有一生傲人的運氣與高命格。

『紫府坐命』寅、申宮的人，在『命、財、官』三方及遷移宮只要不是羊、陀、火、鈴、劫空等進入，都會具有良好的命格及財運。但一般來說，『紫府坐命』的人很保守，他們多半會出現在大的公、民營機構做主管或負責人，以高薪資做儲蓄而致富。田宅宮為『巨門』，會有眾多的不動產。

『紫府坐命』的人，父母宮是『太陰』。命坐『申』宮的人，與母親較親密。**而命坐『寅』宮的人**，因『太陰居陷』，與母不合，有刑剋。兄弟宮為『天機陷落陷落』，與兄弟姊妹皆有不合，彼此也無法相互幫助。夫妻宮為『破軍』，會有再婚之象。子女宮為『太陽』。命坐『申』宮的人，『太陽居旺』，會擁有較多的兒子，且與子女情感融洽。命坐『寅』宮的人，『太陽居陷』，兒子少，且相處不和諧。

注意事項：做父母的人若要為子女選用『紫府坐命』的命格時，**當以『命坐申宮』的命格為佳**，因有『日月共明』的格局，一生運氣較佳。

切記：壬年有武曲化忌和乙、辛年有擎羊在辰、戌宮中相照為『破格』，會影響暴發運的爆發。並且，**『卯時』和『酉時』出生的人**，會有天空、地劫在命宮中相互沖照，這兩個時辰也是不能取用的。

『太陰坐命』卯、酉宮的人

在**『紫微在寅』命盤格式中**，太陰坐命的人，是坐命在『卯』宮。

在**『紫微在申』命盤格式中**，太陰坐命的人，是坐命在『酉』宮。

太陰坐命『卯』宮的人，因為居陷的關係，身材為中等略矮的身型。**太陰坐命於『酉』宮的人**，因為居旺，身材為中等略高的身型。但是他們全都是外表文靜、外柔內剛、內在性情急躁而好動的人。因對宮有『天同相照』，外表看起來很溫和、柔美。此命的男子也會有文質彬彬，較為女性化的特徵。

太陰坐命『卯』宮的人，是財星陷落坐命，六親關係中除了兄弟宮為『紫府』，可受兄弟姊妹的照顧外，其他和父母、配偶、子女、朋友的關係都不好。**此命格的人，若是生在『亥時』**，有『文曲、太陰』同宮坐命卯宮的人，適合從事卜命行業。

太陰坐命『酉』宮的人，兄弟宮的『紫府』都在旺位，本命是財星居旺坐命，再加上兄弟宮所代表的同輩、同事極佳的輔助力量，很可以成就一番大事業。雖然他也有家庭中與父母、夫妻、子女的問題，但都可以以事業忙碌取代了。

『太陰坐命』卯、酉宮的人，也都具有『武貪格』暴發運。命坐『酉』宮的人，因『日月共明』的關係，暴發運所得之利益較持久。而命坐『寅』宮的人因有『日月反背』的關係，暴發運較後繼無力、殞落得很快。

『太陰坐命』的人都是屬於『機月同梁』格做薪水階級，懂得儲蓄的人。並且若是時間生得好，就可以擁有『陽梁昌祿』格，增加人生中增貴地位的命格。

注意事項：做父母的人若要為子女選用『太陰坐命卯、酉宮的命格，當以太陰坐命『酉』宮居旺者為佳。**一生財祿多，生活豐厚。長榮海運的張榮發先生便是『太陰化祿、文昌』坐命於酉宮的人。若要選讀書好、有高智慧、學歷的命格，出生時辰要選巳、酉、丑等三個時辰為佳。

切記：乙年、庚年有『化忌』在命宮為不取。

『貪狼坐命』辰、戌宮的人

在『紫微在寅』命盤格式中，貪狼坐命的人，是坐命在『辰』宮。

在『紫微在申』命盤格式中，貪狼坐命的人，是坐命在『戌』宮。

『貪狼坐命』辰、戌宮的人，因命宮皆在廟旺之位，他們實則是命坐『武貪格』上的人。一生的機遇好、財富多，是一個具有強勢命格的人，總統府資政吳伯雄先生便是『貪狼坐命辰宮』的人。

『貪狼坐命』辰、戌宮的人，己年生有『武曲化祿相照』、『貪狼化權在命宮』，是權位重、暴發運也巨大的人。家財數十億至百億不是難事。暴發運同時也幫助其人在事業上的發展，每逢辰、戌便暴發，一生有多次好運機會。倘若時辰再生得好，具有『陽梁昌祿』格，更能擁有高學歷與高成就的事業。

『貪狼坐命』辰、戌宮的人，長圓型臉、身材中高，中年以後會發胖。因受對宮『武曲星』的影響，性格較耿直、守信諾。不過『貪狼』始終是桃花星，因此他們擅於交際，從不得罪人，有很好的人際關係。

但與人會保持距離，私心話以及內心的煩憂苦痛從不會向人傾訴，就連自己最親近的人也是一樣。

『貪狼坐命宮』的人都是心急、做事潦草、馬虎、才藝多、愛求表現，但博學而不精之人。他們的頭腦靈活、人緣佳、口才好、慾望多、驛馬也重。一生中運氣也比別人好得多，並且極具偏財運、偏運，做投機事業、得投機的錢財運氣也比別人好。唯獨對錢財的管理缺乏能力，耗財很多，主要是因為財帛宮是『破軍』的緣故。

『貪狼坐命』辰、戌宮的人，『命、財、官』三合宮位俱在『殺、破、狼』格局之上，故一生必須勞碌，要動運氣才會好，要動才會更有錢。他們都會擁有嚴厲的父母，對父母很敬畏。夫妻宮為『紫府』，擁有情感深厚又會理財的配偶。與子女的感情較處於不佳的狀況。朋友宮是『天同』，有溫和和不計較的朋友和部屬。與兄弟姊妹的感情，則屬於命坐『戌』宮的人最好。

注意事項：做父母的人若要為子女選用『貪狼坐命辰、戌』宮的命格時，**則以『命坐戌宮』為佳**。因有『日月共明』的格局，不但能多出兩年的好運期，能延續暴發運的旺運，更能在男、女團體中更具人氣及競爭力。己、戊、庚年有化權、化祿在命宮或照會的人為上等命格。

切記：壬年有『武曲化忌』、癸年有『貪狼化忌』，皆不可取。

『巨門坐命』巳、亥宮的人

在**『紫微在寅』命盤格式中**，巨門坐命的人，是坐命在『巳』宮。

在**『紫微在申』命盤格式中**，巨門坐命的人，是坐命在『亥』宮。

『巨門坐命』巳、亥宮的人，因命宮居旺，都具有中高身材、體型壯實。臉型為長方臉。大臉、嘴也大、口才很好、具有辯才。因對宮有『太陽相照』的關係，性格較開朗、寬宏、但仍然會是愛嘮叨、愛挑剔的人。對人的懷疑心也依然很重。『巨門坐命』巳、亥宮的人，命坐亥宮的人，命格較佳，與父母、配偶、子女的感情深厚，只有和兄弟的感情不睦。而命坐巳宮的人則與兄弟、配偶的感情皆不佳。

『巨門坐命』巳、亥宮的人，『命、財、官』合成『機月同梁』格，適合做固定的上班族，而財帛宮正處於『天機陷落』之位，賺錢辛苦，職位也並不高。倘若命格中能出現『陽梁昌祿』格，則會以教書為業，或以口才賺錢，做類似公務員的平順事業。他們同樣在辰、戌年會暴發『偏財運』，可以得財很多，也可以在事業上發達一段時間。命宮相照的桃花星多時，再加上祿星，則可做演藝人員。

注意事項：做父母的人若要為子女選用『巨門坐命巳、亥宮』的命格時，則以『命宮居亥宮』者為佳。此命格因『日月共明』的格局，一生在外的運程較好。另外辛年生有『巨門化祿』、『太陽化權』，癸年生有『巨門化權』都是好命格。

切記：甲年生有『太陽化忌』、丁年生有『巨門化忌』皆不可取。另外，癸年生有『貪狼化忌』會影響到暴發運不發的問題，須多考慮。

『廉相坐命』子、午宮的人

在『紫微在寅』命盤格式中，廉貞、天相坐命的人，必坐命於『午宮』。

在『紫微在申』命盤格式中，廉相坐命的人，必坐命於『子』宮。

『廉相坐命』子、午宮的人，具有長方型的臉型，體型中等或中高身材、體型壯實。外表忠厚老實、不喜言談、話少、內在有些高傲，但膽子小、怕負責任。命宮中有羊、陀、火、鈴的人，是一個不實在、虛偽的偽君子。丙、戊、壬年生有『擎羊星』在命宮或相照的人，為『刑囚夾印』格，一生官司多，若再有桃花星糾纏，則為桃花官司。

『廉相坐命』子、午宮的人，『命、財、官』三方都在旺宮，財帛宮為『紫府』，一生財運富裕。而官祿宮更是『武曲財星』，並且坐在『武貪格』上，在事業上的暴發力很大。『廉相坐命』的人，多坐管理階級，並且多半出現在金融機構中，薪水高、地位也高。在辰年、戌年也都會有暴發運。倘若命格中出現『陽梁昌祿』格時，命格也主貴，會做主管經濟的官員。

『廉相坐命』的人，除了與父母緣份好，有祖蔭或受父母照顧。其他與兄弟姊妹與配偶的感情皆不順利。容易有再婚的問題。命坐午宮的人，子女宮與朋友宮都是陷落不佳的，因此在生活中是不太愉快的。一生的感情也無法舒展，容易發生婚外情。

注意事項：做父母的人若要為子女選用『廉相坐命子、午宮』的命格時，**應選用命坐『子』宮的命格**。有『日月共明』的格局較好。甲年有『廉貞化祿』、『破軍化權』、己年有強勢的『武貪格』暴發運格，都是很好的命格。

切記：丙年有『廉貞化忌』和『擎羊』相照命宮。戊、壬年也有『擎羊』相照命宮及影響暴發運，都是不可取之命格。

『天梁坐命』丑、未宮的人

在**『紫微在寅』命盤格式中**，天梁坐命的人，必坐命於『丑宮』。在**『紫微在申』命盤格式中**，天梁坐命的人，必坐命於『未宮』。

『天梁坐命』丑、未宮的人，為命宮居旺的人，他們有方長型臉、身材中等很壯碩。臉上很威嚴、厚重、臉臭臭的、很孤傲、固執而自負。做起事來很霸道。但是他們很喜歡照顧別人，正義感重，並且喜歡管閒事，而自己家中的事都不愛管。他們一向有辯才、善機謀、也喜競爭。但『天梁坐命』丑、未宮的人，外在的環境為天機陷落，常常每況愈下，愈變愈糟，因此他們的機遇可說是不太好的。

『天梁坐命』丑、未宮的人，在辰、戌年也有暴發運。若時辰生得好，也能形成『陽梁昌祿』格，用以增貴。『命、財、官』三方逢財帛宮為太陰，事業宮為『太陽』。而『命坐丑宮』的人，此二宮都居旺，一生的事業較順利發達，所享受到的錢財也較多。『命坐未宮』的人，財運與官運都較差。

『天梁坐命』丑、未宮的人，都有家宅不寧的問題，除了與兄弟相處平順之外，與父母、配偶、子女都不合，因此他們喜往外跑，再加上他們喜結交三教九流的朋友，又愛為朋友忙碌，讓家人時時抱怨。

注意事項：做父母的人若要為子女選用『天梁坐命丑、未宮』的命格，**當以『命坐丑宮』為佳**，有『日月共明』的格局，財運、官運都好一點。丁年、己年、癸年生人，會有『擎羊』在命、遷二宮出現者，命運極差，且刑剋貴人運，為不可取之命格。

『七殺坐命』申、寅宮的人

在『**紫微在寅**』命盤格式中，七殺坐命的人，必坐命於『申』宮。在『**紫微在申**』命盤格式中，七殺坐命的人，必坐命於『寅』宮。

『**七殺坐命**』寅、申宮的人，命宮在廟旺之位，對宮有『紫府』相照。這是一個深具領導能力的大將軍命格，命坐『寅』宮的稱之為『七殺仰斗』格。命坐『申』宮的為『七殺朝斗』格。這是官高的貴格。

『**七殺坐命**』寅、申宮的人，**外面的世界就是一個大財庫**，任他予取予求，只要打拼奮鬥，財富就源源不斷的湧進。一生的機遇可說是非常的好了。他們都有略矮不高的身材，外表穩重而嚴肅，不怒而威，身體十分健朗、骨重。眼眸大，黑眼珠更大，瞪起眼來很嚇人。

生辰八字一把罩

『七殺坐命』寅、申宮的人，壬年生有『紫微化權』在對宮相照命宮，一生更是貴不可擋。而其人在辰、戌年都會有暴發運。壬年生有『武曲化祿』、『貪狼化權』的人。以及戌年有『貪狼化祿』，庚年有『武曲化權』的人暴發運更為強大，暴發在事業上再轉換來的錢財，富甲一方。他們的財帛宮就正坐在『武貪格』上，因此財富暴發而來的狀況，屢見不鮮。若時間生得好，亦可有『陽梁昌祿』格。

此命中最怕命格中有『貪狼化忌』(癸年生)和『武曲化忌』(壬年生)。暴發運會不發。

『七殺坐命』寅、申宮的人，是世界上較幸福的人，六親關係中和父母、兄弟、夫妻、子女都算和諧美滿。這是很讓大家跌破眼鏡的事。屬於凶悍命格的『七殺坐命』者，居然命格高，事業高，財富大，家庭又美滿，著實不容易。

注意事項：做父母的人若要為子女選用『七殺坐命寅、申』的命格。**最好是選命坐『寅』宮的命格較佳。**此格中有『日月共明』的格局，一生較更為順遂。卯、未、亥時生的有『陽梁昌祿』格，命格更高。

切記：勿選壬年與癸年生之年干，會有化忌破壞『暴發運』格。

『天同坐命』酉、卯宮的人

在『紫微在寅』命盤格式中，天同坐命的人，必坐命於『酉』宮。

在『紫微在申』命盤格式中，天同坐命的人，必坐命於『卯』宮。

『天同坐命』卯、酉宮的人，外表溫和秀麗，個子不高，中等體型略矮，面型長方型，性格善良，而稍帶懶散，與人溫和，沒有競爭心，是個不會讓人設防的好人形態。

「天同坐命」卯、酉宮的人，因「命宮居平陷」之位，比其他天同坐命居旺的較勞碌。但他們有時會忙一些享樂的事情。他們都是些愛撒嬌，不會發脾氣，有時也喜歡照顧別人的人。

「天同坐命」卯、酉宮的人，財帛宮是「巨門居旺」，官祿宮是「天機陷落」。基本上他們是「機月同梁」格，屬於拿固定薪水的薪水族。因為沒有競爭心態，因此職位始終不高，也談不上事業可言。他們也具有「武貪格」，在辰、戌年會爆發。時辰生得好，也可以有「陽梁昌祿」格，此時命格會增高，財祿也會多了。

「天同坐命」卯、酉宮的人，父母非常剛直，對他們較凶。兄弟姊妹也很凶悍，會欺負他們。但是會嫁到比他們年歲相差較大的配偶。男子會娶大他數歲的子女為妻。女子會嫁比她大很多的丈夫。子女宮是『廉相』，算是和諧的狀況。他們最好的就是朋友宮了，是『紫微、天府』，可以有許多有地位、有財富的朋友來相助他們。

注意事項：做父母的人若要為子女選用『天同坐命卯、酉』宮的命格時，**當以『命坐卯宮』為第一優先**。因有『日月共明』的格局較好。此外乙年有『天同化祿』在命宮。丁年有『天同化權』在命宮，『太陰化祿』在對宮相對都是很好的生辰年份。

切記：壬年有『武曲化忌』，癸年有『貪狼化忌』會影響暴發運格。**乙年、庚年有『太陰化忌』在對宮**，會影響本命財，都是不可取之命格。

『武曲坐命』戌、辰宮的人

在『紫微在寅』命盤格式中，武曲坐命的人，必坐命於『戌』宮。

在『紫微在申』命盤格式中，武曲坐命的人，必坐命於『辰』宮。

『武曲坐命』辰、戌宮的人，臉型較短，有圓臉，或短方臉型，身材中等略矮，體型健康不會太胖。屬於人小聲大之型。性格剛直、有話直說、正直寬宏。個性急，做事速戰速決，為人固執，重言諾，容易喜怒形於色。脾氣快發快過，心情不好就會躲起來，很安靜，心情好時很好動。

『武曲坐命』辰、戌宮的人，都是本命坐『武貪格』上的人，在辰、戌年會暴發偏財運、暴發運。其財帛宮為『廉相』，官祿宮為『紫府』，因此『武曲坐命』的人，仍是以事業為重的人，財富也是以事業上所賺取的為主。是一種富足的局面。他們勇敢、堅強，活力充沛很富行動力，做事剛毅果決很容易成功。

『武曲坐命』辰、戌宮的人，若時辰生得好，生在卯、未、亥時的人會有『陽梁昌祿』格，一生成就較大，會做到大企業的領導人。己年生『命宮有化祿』、『對宮有化權』的人，命格頗高，前行政院長郝柏村先生就是此命格的人。此外庚年有『武曲化權』在命宮的人，也易走政治路途，會有好的成就。

『武曲坐命』辰、戌宮的人，六親關係中，只有夫妻宮不好，是『七殺』入宮，夫妻相處不和諧，必須聚少離多，各忙各的較相安無事。

注意事項：做父母的人若要為子女選用『武曲坐命』的命格時，**當**

以『武曲坐命辰宮』者較佳，一生較順利，會有『日月居旺』的佳運。

武曲是財星，財星坐命者一生富足，也利於家運。但是『武曲坐命』的小孩幼年時代較頑固、沉默，與一般的小孩教養方式有些不一樣。父母在為子女選用此命格時，應考慮家中其他成員的命格，相互斟酌再選用。

切記：壬年有『武曲化忌』，癸年有『貪狼化忌』，這二年皆不可取用。

『太陽坐命』巳、亥宮的人

在**『紫微在寅』命盤格式中**，太陽坐命的人，必坐命於『亥宮』。

在『紫微在申』命盤格式中，太陽坐命的人，必坐命於『巳宮』。

『**太陽坐命**』**巳、亥宮的人**，體型中等，大圓臉、或微長，相貌雄偉，性格溫和。度量寬宏，不計較他人是非。但因對宮有『巨門相照』，在青少年時代會有後繼乏力之感，以後會轉好。

太陽坐命『巳』宮的人，命宮居旺，再加上官祿宮的『太陰也居旺』，『命、財、官』會合成『陽梁昌祿』格與『機月同梁』格的雙重型態。丑、巳、酉時生的人是真正具有『陽梁昌祿』格的人，必會擁有高學歷與做高級公務員、教職的機緣。**太陽坐命『亥』宮的人**，一生運程差一點，主要是因為『太陽落陷』的關係。不過能生在丑、巳、酉時的人，也會有『陽梁昌祿』格，一生衣食不愁。

『**太陽坐命**』**巳、亥宮的人**，也都有『武貪格』暴發運，在辰、戌年會爆發，他們最忌諱壬年、癸年出生的時間，會傷害暴發運。也不選出生在甲年有『太陽化忌』在命宮。丁年生有『巨門化忌』在對宮相照也不好，都是一生多招惹是非、困難，一生不順的命格。

『太陽坐命』巳、亥宮的人，一生很勞碌，享不到福，與父母緣薄，有剛強的兄弟姊妹，與子女的關係也不好，但是有很好的夫妻運。

注意事項：做父母的人若要為子女選用『太陽坐命巳、亥宮』的命格時，**『坐命巳宮』者較佳**。太陽居旺，太陰也會居旺，一生財祿較多。

切記：甲年有『太陽化忌』在命格，庚年有『擎羊、太陰化忌』在酉宮，以及『陀羅』在申宮，此也為『羊陀夾忌』，都不可取用。

壬年有『武曲化忌』，癸年有『貪狼化忌』會影響暴發運格也不可取用。

第四節 『紫微在卯』、『紫微在酉』命盤格式中各種命格的人

4.紫微在卯

天相(得) 巳	天梁(廟) 午	廉貞(平) 七殺(廟) 未	申
巨門(陷) 辰			酉
紫微(旺) 貪狼(平) 卯			天同(平) 戌
天機(得) 太陰(旺) 寅	天府(廟) 丑	太陽(陷) 子	武曲(平) 破軍(平) 亥

10.紫微在酉

武曲(平) 破軍(平) 巳	太陽(旺) 午	天府(廟) 未	天機(得) 太陰(平) 申
天同(平) 辰			紫微(旺) 貪狼(平) 酉
卯			巨門(陷) 戌
寅	廉貞(平) 七殺(廟) 丑	天梁(廟) 子	天相(得) 亥

在『紫微在卯』、『紫微在酉』兩個命盤格式是相互顛倒的格局。在這兩個命盤格式中都分別有兩個空宮。因此屬於這兩個命盤格式的人，在行運上，在十二個地支年為『一輪』時，也會多兩年空宮弱運的日子。

『太陽坐命』子、午宮的人

在**『紫微在卯』命盤格式中**，太陽坐命的人，必坐命於『子』宮。

在**『紫微在酉』命盤格式中**，太陽坐命的人，必坐命於『午』宮。

『太陽坐命』子、午宮的人，因對宮的『天梁星』也居旺的關係，形體高大、圓臉、性格溫和、度量寬宏、慷慨好施、十分大方。女命有丈夫氣概，十分能幹。**命宮『午』宮的人**，性格較開朗、爽直。一生也比較順利。**命坐『子』宮的人**，因命宮居陷的關係，性格較悶，一生較勞碌，波折也較多。中年以後會趨於懶散。

『太陽坐命』子、午宮的人，對宮是『天梁』，丑、辰、未、戌時生的人，會有『陽梁昌祿』格，一生的命格較高。辛年有『太陽化權』在命宮，庚年有『太陽化祿』在命宮，乙年有『天梁化權』相照命宮，壬年有『天梁化祿』相照命宮的人，一生的命格高，事業較順利，且有官貴。

『太陽坐命』子、午宮的人，財帛宮是『空宮、有機陰相照』，官祿宮是『巨門』。其人在錢財上變化多，比較浪費，因事業上的競爭多，口舌是非也多。因此做薪水階級、公務員、教書是其必經的運途。

『太陽坐命』子、午宮的人，和父母很親密，夫妻運也好，只有兄弟姊妹相處較多問題，子女也不好教養，較難溝通。與朋友相處和諧，且有很好的朋友運。

注意事項：做父母的人若要為子女選用『太陽坐命子、午宮』的命格時，**當以『命坐午宮』居旺為佳**。在社會上與男性中較具競爭力。並且辛年生有『太陽化權』、庚年有『太陽化祿』在命宮的人，命格高、一生順遂。

切記：勿取用甲年有『太陽化忌』在命宮，丙、戊年有『擎羊』在午宮皆不吉。

『天府坐命』丑、未宮的人

在『紫微在卯』命盤格式中，天府坐命的人，是坐命在『丑』宮。

在『紫微在酉』命盤格式中，天府坐命的人，是坐命在『未』宮。

『天府坐命』丑、未宮的人，因對宮有『廉貞、七殺』相照的影響，他們的身材中等，斯文、瘦型，面色白皙、相貌清秀，心性溫和，聰明多學多能。因命宮居廟，一生富足，但性格保守，外柔內剛。外表忠厚老實，對錢較吝嗇，凡事愛操心、嘮叨、一板一眼，做事只求保險，較無衝勁。他們多半做薪水階級、公教人員，或大公司上班管理財務等職。

『天府坐命』丑、未宮的人，若生在四月、十月，又生在丑、未、辰、戌時的話會位居萬乘之尊，有官貴、命格極高，不但有『陽梁昌祿』格，且左輔、右弼同宮於命，來相助，貴不可當。

『天府坐命』丑、未宮的人，財帛宮是『空宮、有紫貪相照』。若有火星、鈴星進入卯、酉宮時，會有偏財運。火星居酉宮時，發財較大。他們的官祿宮是天相居得地之位。這個命格除非有前述的『陽梁昌祿』格與左右來輔助，否則只為一般公務員、薪水階級的命格。

『天府坐命』丑、未宮的人，與父母的關係是陰晴不定的。夫妻運是『武破』更差，會有多次婚姻，且配偶較窮困。子女乖巧。**命坐**

『未』宮的人，兄弟宮太陽為居旺，兄弟姊妹的感情較好。**命坐『丑』宮的人**，與兄弟無緣，沒話講。不過他們全部都有很好的朋友宮，會得到朋友熱心的照顧。

注意事項：做父母的人若要為子女選用『天府坐命丑、未宮』的命格，**當以『坐命未宮』者為佳**。因『太陽居旺』的關係，兄弟會互有助益，行運也較順利。

切記：丙年生有『廉貞化忌』在對宮相照，不可取用。丁、己年有『擎羊』在命宮，其人會天性奸詐，亦不可取用。

『機陰坐命』寅、申宮的人

在**『紫微在卯』命盤格式中**，機陰坐命的人，是坐命在『寅』宮。

在**『紫微在卯』命盤格式中**，坐命申宮為空宮，而在對宮有『機陰相照』的人，其命格、形貌、運程和命坐寅宮的人大致相同，請看機陰坐命『寅』宮的部份。

在**『紫微在酉』命盤格式中**，機陰坐命的人，必坐命於『申宮』。

在**『紫微在酉』命盤格式中**，坐命寅宮為空宮，申宮有『機陰相照』的人，其命格、形貌與一生運程也和『機陰坐申宮』的人大致相同，因此，請看『機陰坐命申宮』的部份。

『機陰坐命』寅、申宮的人，是外表陰柔俊美、身材中高、身材好的人。此命的男子也文質彬彬，相貌俊俏，討人喜歡。本命驛馬重，在家待不住，離鄉發展，動中求財是其一生的命程型態。他們的桃花重、感情困擾多，命宮中有天空、地劫的人，桃花少一點，但卻不容易結婚。

『機陰坐命』的人，『命、財、官』形成完整的『機月同梁』格，財帛宮是『天同』，官祿宮是『天梁』。若生在丑、未、辰、戌時的人，也能擁有『陽梁昌祿』格，一生的事業成就較大。一般的機陰坐命者，會做常調防的軍警人員，業務人員。桃花重時，可做演藝人員。在工作型態奔波的各種行業裡，都可能見到這些外表斯文美俊之士。但不宜自己創業。

機陰坐命『寅』宮的人，因命宮中『太陰居旺』，財祿較好。**而坐命『申』宮的人，『太陰居平』**，財祿稍差。丁年生的人會有『太陰化祿、天機化科』在命宮，一生機運較好。戊年生的人，雖有『太陰化權』，但亦有『天機化忌』在命宮，權忌相逢為雙煞格局，一生頑固、是非麻煩多，並不順暢。

『機陰坐命』的人，若有火星、鈴星進入卯、酉宮時也會有爆發運。他們與父母無法溝通，相處有隔閡。子女宮是『武破』，彼此刑剋緣薄，較少見面為佳。他們的兄弟宮是『天府』，情感較親密，能相互幫助。夫妻宮是『太陽』，其配偶是性格開朗、剛毅之士，因陰陽相吸的原理。其配偶是性格豪放、寬宏、做事果決，並有大臉的外貌與性格。

注意事項：做父母的人若要為子女選用『機陰坐命』的命格時，一**定要選『坐命寅宮居旺』的命格**。一生財祿較多。丁年出生的人，頭腦聰明，文質更甚，是好命。再加上辰、戌、丑、未時，有『陽梁昌祿』格者更佳。

切記：勿選乙年、庚年命宮有『太陰化忌』、戊年有『天機化忌』在命宮的人。

『紫貪坐命』卯、酉宮的人

在『紫微在卯』命盤格式中，紫貪坐命的人，是坐命在『卯』宮。

在『紫微在卯』命盤格式中，坐命酉宮為空宮，對宮有紫貪相照的人，請看『紫貪坐命卯宮』的部份，因其外貌、性格，一生運程都相似。

在『紫微在酉』命盤格式中，紫貪坐命的人，必坐命於『酉』宮。

在『紫微在酉』命盤格式中，坐命卯宮為空宮，對宮有紫貪相照的人，請看『紫貪坐命酉宮』的部份，因其外貌、性格，一生運程都類似。

『紫貪坐命』的人，方長臉，有俊美的外貌與身材，並且外貌忠厚，有威嚴。但其人桃花也重，人緣特佳，多才多藝。口才好，喜歡升官發財，結交權貴。他們多好酒，容易沾染酒色財氣。命宮中再有火、鈴同宮或相照的人，為『紫火貪格』或『紫鈴貪格』。在卯、酉年會具有暴發運及偏財運，但其人在行為上有些怪異。

『紫貪坐命』的人，最喜壬年生有『紫微化權』在命宮，一生康泰又掌權。己年生有『貪狼化權』在命宮可一生掌握好運，出任軍警職可官居一品。其他如戊年有『貪狼化祿』在命宮，乙年有『紫微化科』在命宮都不錯。

『紫貪坐命』的人，財帛宮是『武破』、皆居平陷之位，金錢上不會打理，破耗大，官祿宮是『廉殺』，這是從事軍警業的最佳行業，否則也會與軍事、警察有關的行業。前國防部長陳履安先生就是『紫貪坐命卯宮』的人，命格中又有『陽梁昌祿』格。

『紫貪坐命』的人，理財能力都不好，但是他們會有多金的配偶做支柱，在背後支持他們，讓他們無憂。他們的『命、財、官』三方剛好在『殺、破、狼』格局上，而『破軍是居陷』的，又在財帛宮，因此是較難成為富翁了。但此命格在軍警機關做管理軍需、財務的官員也最好，他們是不敢隨便亂花公帑的。

注意事項：做父母的人若要為子女選用『紫貪坐命』的命格，**命坐『卯』宮與命坐『酉』宮，其實是差不多的**。壬年生又生在辰、戌、丑、未時的人，一生好命掌權，又有『陽梁昌祿』格，一生主貴。其他像乙、戊、己年也不錯。

對宮，為人較陰險。

切記：不可生在癸年有『貪狼化忌』，甲、庚年會有『擎羊』在命宮

『巨門坐命』辰、戌宮的人

在『紫微在卯』命盤格式中，巨門坐命的人，是坐命在『辰』宮。

在『紫微在酉』命盤格式中，巨門坐命的人，是坐命在『戌』宮。

『巨門坐命』辰、戌宮的人，命宮居陷位，其人在外貌上較矮小，有『天同』的影響，較豐滿，外表溫和，攻於心計，愛享受，愛挑剔別人，一生是非多，也喜歡口舌便佞之事。

『巨門坐命』辰、戌宮的人，財帛宮是『太陽』。命坐『戌』宮的

人，**『太陽居旺』**，比較有錢。**命坐『辰』宮的人，『太陽居陷』**，財運較差。他們的官祿宮是『空宮，有機陰相照』。事實上，此命格的人，多半是靠配偶或家人來生活。**巨門坐命『辰』宮的人，夫妻宮『太陰財星居旺』**，配偶為他賺的錢較多，**巨門坐命『戌』宮的人，『太陰居陷』**，配偶給他的財少。前總統夫人曾文惠女士就是『巨門坐命戌宮』的人。

『巨門坐命』辰、戌宮的人，辛年生有『巨門化祿』，癸年生有『巨門化權』，若再生在辰、戌、丑、未時，也會具有『陽梁昌祿』格，一生的命格會增高，但仍然是對工作不賣力的人。

『巨門坐命』辰、戌宮的人，父母宮是『天相』，有溫和慈愛的父母，與兄弟關係不佳。夫妻宮是『機陰』，配偶的情緒變化大。『太陰居旺』的人，夫妻關係好一點。『太陰居平』的人，夫妻關係差一點。子女宮是『天府』。與子女關係親密。

『**巨門坐命』辰、戌宮的人**，朋友宮是『空宮，有紫貪相照』。他們對朋友不信任，也找不到知心的朋友，朋友中多表面高貴，但品行不佳的人。

注意事項：做父母的人若要為子女選用『巨門坐命辰、戌宮』的命格，**當選用『坐命辰宮』的命格**。此命格的人，一生多愛享樂，故以夫妻宮較佳者為選用條件，就會有人幫他賺錢，讓他來享用及挑剔。

切記：丁年生有『巨門化忌』在命宮者為不取。劫匪陳進興就是此命格的人。

生辰八字一把罩

『天相坐命』巳、亥宮的人

在『紫微在卯』命盤格式中，天相坐命的人，是坐命『巳』宮。

在『紫微在酉』命盤格式中，天相坐命的人，是坐命『亥』宮。

『天相坐命』巳、亥宮的人，因對宮有『武破居平陷相照』，其人身材中等較瘦，性格孤寒。表面上他是溫和、勤勞的老好人，但對人比較吝嗇，注重自我的生活享受，擅理財務。他們的臉上有破相，或有痘疤，為人聰敏，不拘小節，一生克勤克儉，宜公教職。

『天相坐命』巳、亥宮的人，財帛宮是『天府居廟』。官祿宮是『空宮，有紫貪相照』，他們很會做事與做官，官運卻不好，因此棄貴從富，一生辛勞奔波，是個勞祿命。

『天相坐命』巳、亥宮的人，壬、庚年生，又生在辰、戌、丑、未時的人，有『陽梁昌祿』格，公務員的職位會較高，學問也較好。若命格中卯、酉宮進入火星、鈴星也能在事業暴發財運。最忌壬年有『武曲化忌』相照命宮，或是子時、午時生有天空、地劫在命宮的人，否則一生萬事皆空，辛苦忙碌。沒有財祿可言了。

『天相坐命』巳、亥宮的人，父母宮是『天梁居旺』，有慈愛會照顧他們的父母。夫妻宮是『紫貪』，與配偶興趣相投，相得益彰。兄弟宮是『巨門居陷』。兄弟姊妹間口舌爭吵多，不睦。**天相坐命『巳』宮的人**，子女宮較好，是機陰在寅，與子女較親密。**而命坐『亥』宮的人**，因太陰居平的關係，與子女關係不夠親。

注意事項：做父母的人若要為子女選用『天相坐命巳、亥宮』的命格時，**『天相坐命亥宮』為佳**。因為天相屬『水』，坐命『水』宮為真神得用較佳。

切記：壬年生有『武曲化忌』，子時、午時生會有地劫、天空在命宮，這些年干和時辰都不可取。

『天梁坐命』子、午宮的人

在『紫微在卯』命盤格式中，天梁坐命的人，必坐命於『午』宮。

在『紫微在酉』命盤格式中，天梁坐命的人，必坐命於『子』宮。

『天梁坐命』子、午宮的人，因對宮有『太陽』的影響，其人身材高大，體型壯碩，外表有名士風度。臉型長方型，略嚴肅，但性格開朗，有機謀，善舌辯，喜競爭。平常性格霸道、自負、有威嚴、喜歡照顧別人，但有私心，只喜歡照顧自己人。本身也帶有人緣桃花，為正桃花。

『天梁坐命』子、午宮的人，本命就坐在『陽梁昌祿』格上，在丑、未、辰、戌時生的人，又必須生在壬年、庚年、乙年、辛年，會有化祿及祿存來會合，格局才會完整。若火星、鈴星進入卯、酉宮時，也會具有暴發運，多得財富。

『天梁坐命』子、午宮的人，財帛宮是『機陰』，財運變化起伏大。命坐『午』宮的人，財運稍好。命坐『子』宮的人，財運稍差。官祿宮是『天同』。『命、財、官』三方就是『機月同梁』格，一定會做薪水階級和公務員。

『天梁坐命』子、午宮的人，乙年生有『天梁化權』在命宮。壬年生有『天梁化祿』在命宮，都是很好的命格。李登輝先生就是『天梁化祿』坐命『午』宮的人。庚年生有『太陽化祿』，辛年生有『太陽化權』在對宮相照的人，命格也不錯。最忌甲年生有『太陽化忌』在對宮相照，一生不順。

『天梁坐命』子、午宮的人，父母宮是『廉殺』，與父母緣薄，幼年時也常讓父母擔憂。兄弟宮是『天相』，相處和諧。夫妻宮是『巨門居陷』，夫妻間口角是非多，糾紛迭起。子女宮是『紫貪』，與子女不能溝通，緣薄。他們的僕役宮是『武破』，必須付出很大的代價要別人做事。但也找不到得力的部屬與朋友。朋友的水準是良莠不齊的，沒有助力的情形。

注意事項：做父母的人若要為子女選用『天梁坐命子、午宮』的命格，**當以『天梁坐命午』宮為佳**。因天梁屬土在午宮，火土生旺。並且**壬年生有『天梁化祿』在命宮並命格中又有『紫微化權』可應用。**

乙年生雖有『天梁化權』在命宮，但會有『太陰化忌』在財帛宮，造成財運不順也不好。

切記：甲年生有『太陽化忌』在對宮相照，命宮為不吉，不可取。

『廉殺坐命』丑、未宮的人

在『紫微在卯』命盤格式中，廉殺坐命的人，必坐命於『未』宮。

在『紫微在酉』命盤格式中，廉殺坐命的人，必坐命於『丑』宮。

『廉殺坐命』丑、未宮的人，身材不高，略矮，命坐『未』宮的人比命坐『丑』宮的人高，他們是表面溫和，但內在剛強、衝動的人，很肯吃苦，擅理財，喜愛文藝，注重生活享受，為人較節儉。

『廉殺坐命』的人，『命、財、官』都坐在『殺、破、狼』格局上，必須極力打拼，才會有成就。他們的財帛宮是『紫貪』，會有家產給他管理，財富也以父母給他們的多，自己所賺的少。主要是因為官祿宮為『武破』，一生職位不高。某些人多從事軍旅生。

『廉殺坐命』的人，他們雖節儉，但並不太重錢財，常會對自己認定的偉大目標而努力不懈。生在辰、戌、丑、未時，命格中有『陽梁昌祿』格的人，可以從事律師、法官等工作。甲年生有『廉貞化祿』的人，命格高。丙年生酉『廉貞化忌』在命宮的人，一生是非糾纏，官非多，頭腦不清，身體也有問題。

『廉殺坐命』的人，父母宮為『空宮，有機陰相照』，與父母緣薄，關係較冷淡或有父母其中一人早逝的情況。兄弟宮是『天梁』，和兄弟姊妹相處和諧，且能互相幫助照顧。夫妻宮是『天相』，夫妻美滿。子女宮是『巨門居陷』，子女少，且有刑剋，不好教養。朋友宮是『太陽』。命坐『丑』宮的人會擁有眾多得力的朋友和部屬，命坐『未』宮則否。

注意事項：做父母的人若要為子女選用『廉殺坐命』的命格時，**命宮在『丑』，有『太陽居旺』，稍好一點。**甲年生有『廉貞化祿』在命宮，財祿雖多，但有『太陽化忌』在朋友宮，須小心。此命格必須選丑、未、辰、戌時，具有『陽梁昌祿』格的人，才主貴，命格才會高。

切記：丙年有『廉貞化忌』不可取。寅、辰、戌時會有天空、地劫入命宮，也不可取。

『天同坐命』戌、辰宮的人

在『**紫微在卯**』**命盤格式中**，天同坐命的人，必坐命於『戌』宮。在『**紫微在酉**』**命盤格式中**，天同坐命的人，必坐命於『辰』宮。

『**天同坐命**』**辰、戌宮的人**，體型中等、豐腴、臉長方型。外表溫和，沒有脾氣與競爭心，是一個讓人放心與他相處的人。但是因對宮有『巨門』的影響，一生是非，心境不清閒，較勞碌。

『**天同坐命**』**辰、戌宮的人**，『命、財、官』，都在『機月同梁』格上，必會做薪水階級或公務員維生。財帛宮為『天梁』，有貴人照應生財。官祿宮為『機陰』，工作型態為奔波型的工作，變化很大的工作。**命坐『戌』宮的人**，官祿宮中的『太陰居旺』，財運較好。**命坐『辰』宮的**

人較差。

『天同坐命』辰、戌宮的人，生在辰、戌、壬、未時的人，也能有『陽梁昌祿』格，庚年有『太陽化祿』在命格中，乙、丁、癸、辛年有祿存在四方宮位中，都好，可使其命格提升，財祿、官貴都多一點。**另外，丙年有『天同化祿』，丁年有『天同化權』也不錯**，本命會增強，較有成就。

『天同坐命』辰、戌宮的人，都有不和諧再婚的父母，(父母宮是武破)。兄弟宮是『空宮，有紫貪相照』，有同父異母的兄弟，兄弟少。夫妻宮也是『空宮，有機陰相照』。易有多變化的婚姻關係，同居或與人做小。子女宮為『廉殺』，子女少，不好教養，彼此相剋。朋友宮是『紫貪』，其人在年少時的朋友全是地位高，而無法真誠相待的朋友。要到老年才能找到知心朋友。

注意事項：做父母的人若要為子女選用『天同坐命辰、戌』宮的命格，**需注意此命格的人，幼年家中多遭災難**，父母離異，家中是非多，必須經過千辛萬難而自立。此命格，我認為不可取用。**丁年生有『巨門化忌』在對宮相照者，更是一生不順。**

『武破坐命』亥、巳宮的人

在**『紫微在卯』命盤格式中**，武破坐命的人，必坐命於『亥』宮。

在**『紫微在酉』命盤格式中**，武破坐命的人，必坐命於『巳』宮。

『武破坐命』的人，中等瘦高身材。因命宮雙星皆在平陷之位，一生財少，鮮有成就者。西安事變中的張學良便是『武破坐命』的人。

『武破坐命』的人，以外型來看，都以為他們是膽子小的人，這主要是命宮財星居陷較孤寒的緣故。但命宮中尚有『破軍』，煞星居陷動盪不已。故而他們一生中總會做些驚世駭俗的事情，讓人側目。

『武破坐命』的人，『命、財、官』三方也在『殺、破、狼』格局上，其人一生的起伏大，命格中有『陽梁昌祿』格的人，會有好的學問，但不一定有錢、有地位。張學良就有『陽梁昌祿』。他們的財帛宮是『廉殺』，做軍警情報人員，拼死打拼才能得到錢財。官祿宮是『紫貪』，宜做武職較佳。

『武破坐命』的人，父母宮是『太陽』。坐命『巳』宮的人與父親較親密。坐命『亥』宮的人與父緣薄，有刑剋。他們的兄弟宮是『天同』，兄弟相處尚稱和諧。夫妻宮是『空宮，有紫貪相照』。夫妻間相處是表面上志同道合的狀況，此人可能以同居的方式處理姻緣關係。子女宮也是

『空宮，有機陰相照』。子女不多，彼此緣份淺，不親密。僕役宮為『巨門居陷』，多遭朋友陷害，有不良的、及無義的朋友及屬下。

注意事項：做父母的人若要為子女選用『武破坐命』的命格，此為**破祖離鄉命，也可能有異途顯達之機遇，但必須時辰生得好，在卯、酉宮進入火星、鈴星方可。**

一般我是不贊成父母選用此命格的。一不小心，就會形成孤寒困頓的命格，實屬不佳。**壬年有『武曲化忌』，子時、午時有天空、地劫在命宮尤凶。**

第五節 『紫微在辰』、『紫微在戌』命盤格式中各種命格的人

5.紫微在辰

天梁(陷) 巳	七殺(旺) 午	未	廉貞(廟) 申
紫微(得) 天相(得) 辰			酉
天機(旺) 巨門(廟) 卯			破軍(旺) 戌
貪狼(平) 寅	太陽(陷) 太陰(廟) 丑	武曲(旺) 天府(廟) 子	天同(廟) 亥

11.紫微在戌

天同(廟) 巳	武曲(旺) 天府(旺) 午	太陽(得) 太陰(陷) 未	貪狼(平) 申
破軍(旺) 辰			天機(旺) 巨門(廟) 酉
卯			紫微(得) 天相(得) 戌
廉貞(廟) 寅	丑	七殺(旺) 子	天梁(陷) 亥

在『紫微在辰』、『紫微在戌』兩個命盤格式，是相互顛倒的格局，在這兩個命盤格式中都分別有兩個空宮，因此屬於這兩個命盤格式的人，在行運上，在十二個地支年為一輪時，會多兩個空宮弱運的年份，在每一年中也會多個空宮弱運的月份。

『武府坐命』子、午宮的人

在『紫微在辰』命盤格式中，武府坐命的人，必坐命於『子』宮。

在『紫微在戌』命盤格式中，武府坐命的人，必坐命於『午』宮。

『武曲、天府』坐命於子、午宮的人，中等身材、體型壯實。外表忠厚老實、個性剛毅、圓臉。因正財星與財庫星同坐命宮，其人必從事財經工作。己年生、命宮中有『武曲化祿』者，為百萬富翁之格。庚年生、命宮中『武曲化權』的人，必會從事政治。一般有擎羊、陀羅等煞星在命宮中或在命宮對宮處，會做公職，為公門胥吏。

『武府坐命』的人，『命、財、官』三方極佳。財帛宮是『廉貞』，必須運用智慧，多方計劃而生財。官祿宮是『紫相』，做公職可有高職位。只因他們的福德宮為『貪狼星』，慾望太多、太大，以至於辛勞一生。新黨王建煊先生即是『武府坐命子宮』的人。

『武府坐命』的人，父母宮為『太陽、太陰』。總是與父母中之一方緣薄。兄弟宮是『天同』，相處和諧。夫妻宮是『破軍』，有『妻管嚴』的徵兆。女命一生物質生活優裕，易犯桃花。

『武府坐命』的人，生在丁、庚、壬、己、癸年，又生在丑、巳、酉時的人具有『陽梁昌祿』格，一生的命格較高，但壬年有武曲化忌在命宮的人，一生財運不順，錢財多是非、困厄。

注意事項：做父母的人若要為子女選用『武府坐命』的命格時，要**注意本命宮中不要有羊、陀、火、鈴來傷害命格與運程**。並且要注意父母宮與夫妻宮也不能再有化忌、劫空與其他煞星進入，否則其人就是幼年或成年以後家庭不幸福的人。

切記：壬年生有『武曲化忌』在命宮不可取。丑、巳、未、亥時有地劫或天空在命宮皆不可取。以防萬事成空。

生辰八字一把罩

『日月坐命』丑、未宮的人

在『紫微在辰』命盤格式中，日月坐命的人，必坐命於『丑』宮。

在『紫微在戌』命盤格式中，日月坐命的人，必坐命於『未』宮。

在『紫微在辰』命盤格式中，坐命未宮為空宮，有日月相照的人，其外貌、性格及一生運程都與日月坐命丑宮的人類似，故請參看日月坐命丑宮的人。

在『紫微在戌』命盤格式中，坐命丑宮為空宮，有日月相照的人，其外貌、性格及一生運程都與坐命未宮的人相類似，故請參看日月坐命未宮的人。

『日月坐命』丑、未宮的人，其外型為臉型鵝蛋臉、長圓型，氣質是剛中帶柔或柔中帶剛的特殊典型。他們是性急而好動，個性保守，果斷力不足，三心二意，心情陰情不定，起伏很大，個性變化無常。若命中桃花重的人，常腳踏幾隻船不能決定。

『日月坐命』的人，『命、財、官』三方宮位中，財帛宮是『空宮，有機巨相照』。官祿宮為『天梁陷落』。因此『日月坐命』的人，多半從事公職與教書的行業。做學術研究工作，一生會比較順利。

『日月坐命』的人，父母宮是『貪狼』，父母是不能溝通的人，彼此相處不和諧。兄弟宮為『武府』，兄弟姊妹情深，並且相互照顧。夫妻宮是『天同』，夫妻和諧，會找到一個能容忍他善變脾氣的配偶。子女宮是

『破軍』，與子女緣薄、不和。朋友宮是『七殺』，有剛強、欺壓他的朋友，朋友運欠佳。

注意事項：做父母的人若要為子女選用『日月坐命』的命格時，要注意，**取貴者選『日月坐命未宮』。要取富者，選『日月坐命丑宮』**。三月、九月生的人，會有左輔、右弼相夾命宮，形成『夾貴』與『夾富』的佳格，一生順遂。丑、巳、酉時也會形成『陽梁昌祿』格，一生命格高，學歷也高。

切記：甲年有『太陽化忌』，乙、庚年有『太陰化忌』，不可選。寅、辰、申、戌時出生的人，有天空、地劫在命宮亦不可取。

『貪狼坐命』寅、申宮的人

在**『紫微在辰』命盤格式中**，貪狼坐命的人，是坐命在『寅』宮。在**『紫微在戌』命盤格式中**，貪狼坐命的人，是坐命在『申』宮。

『貪狼坐命』寅、申宮的人，因『貪狼居平』，故個子不高。長圓臉型，身材不錯。其人多才多藝，心高氣傲，性格無常，做事速戰速決，屬於剛烈性格的人。但他們比較善用心機，善於謀劃，也善與人交際，並對政治有興趣。

『貪狼坐命』寅、申宮的人，己年生若有『貪狼化權』在命宮的人，喜走政途。戊年生有『貪狼化祿』在命宮的人，喜走商界和文藝界。其他的人易做教職。『貪狼坐命申宮』有『陀羅』同宮的人，會做屠宰業。

『**貪狼坐命**』**寅、申宮的人**，巳、酉、丑時生的人，具有『陽梁昌祿』格，一生命格較高。會在學校教書做教職。他們的『命、財、官』三方，正坐『殺、破、狼』格局上，財帛宮是『破軍』，很會打拼賺錢，破耗也多，理財能力欠佳。官祿宮是『七殺』，一生勞碌打拼，辛苦奔波停不下來。

『**貪狼坐命**』**寅、申宮的人，父母宮是『機巨』**，因父母感情不睦，也影響到他們的生長環境，會早日離家發展。兄弟宮為『日月』。**命坐『寅』宮的人**，和姊妹情深。**命坐『申』宮的人**，和兄弟和諧。他們的夫妻宮都是『武府』。配偶會給他帶來大財富，並且夫妻和合。子女宮是『天同居旺』，有乖巧可愛，緣份深厚的子女。

注意事項：做父母的人若要為子女選用『貪狼坐命寅、申』宮的命格，**當以命格坐『寅』宮為佳**。因貪狼屬木、寅宮亦屬木，相互生旺。

己年生有『貪狼化權』在命宮，『武曲化祿』在夫妻宮，會結下一房極富有的婚姻，幫助他走政治官途。

戊年生有『貪狼化祿』在命宮也不錯，有好機運，能發財。

切記：癸年生有『貪狼化忌』在命宮，一生是非多、運蹇。**壬年生有『武曲化忌』在夫妻宮**，配偶會給他帶來金錢惡運。**丙年生有『廉貞化忌』在對宮相照命宮**，一生官非多，糾纏不順，皆不可取。

『機巨坐命』卯、酉宮的人

在**『紫微在辰』命盤格式中**，機巨坐命的人，是坐命在『卯』宮。

生辰八字一把罩

在『紫微在戌』命盤格式中，機巨坐命的人，是坐命在『酉』宮。

『機巨坐命』的人，身材高大。**尤其命坐『卯』宮的人身材魁梧。命坐『酉』宮者稍矮一點**，也是形體高大的人。臉型長型、性格堅強，有主見、口才很，思慮敏捷。但一生是非口舌多，必歷經艱苦，才能有成。**老總統蔣中正先生及小說家張愛玲都是『機巨坐命卯宮』的人。**

『機巨坐命』的人，『命、財、官』之三方宮位也形成『機月同梁』格。必須做公職為佳。他的財帛宮為『天同』，會有固定薪水。官祿宮為『空宮，有日月相照』。**老總統蔣中正先生的官祿宮中有『擎羊星』**，因此必做軍職，擎羊居廟，化煞為權。**張愛玲小姐的官祿宮中無主星**，故一生沒有固定職業。但是有『文昌星』在命宮，因此她會做自己喜歡的寫作和研究工作。並且她有『火貪格』在兄弟宮，故可在二十三歲的年歲，暴發運起，聲名大噪。

『機巨坐命』的人，最喜丙年生有『天機化權』在命宮，或是癸年生有『巨門化權』在命宮，可做政治人物，局勢愈混亂，對他愈有利。但最忌戊年生有『天機化忌』在命宮或丁年生有『巨門化忌』在命宮，一生波折不斷是非糾纏，既影響命格，也影響運程，實為不妙。

『機巨坐命』的人，性格善變，情緒起伏大，對人多疑惑，人緣不算好。她們的父母宮是『紫相』，家學淵源，與父母的關係只是一般。因為他們是離鄉發展的命。兄弟宮是『貪狼』，與兄弟姊妹之間不和諧，夫妻宮是『日月』，夫妻相處時好時壞，不穩定。子女宮是『武府』，與子女關係倒不錯。但若有空劫在子女宮或相照子女宮的人，無子。

注意事項：做父母的人若要為子女選用『機月坐命』的命格時，**當以『坐命卯宮』為佳**。丙年有『天機化權』、乙年有『天機化祿』、辛年有『巨門化祿』、癸年有『巨門化權』都是好命格，巳、酉、丑時是好時辰，會有完整的『陽梁昌祿』格。

切記：丁年有『巨門化忌』，戊年有『天機化忌』不可取用。寅時、辰時、申時、戌時有地劫、天空在命宮或相照，也不可取用，否則一生運蹇、困苦。

『紫相坐命』辰、戌宮的人

在『紫微在辰』命盤格式中，紫相坐命的人，是坐命在『辰』宮。

在『紫微在戌』命盤格式中，紫相坐命的人，是坐命在『戌』宮。

『紫相坐命』辰、戌宮的人，身材中高，臉型方圓，外表忠厚老實、相貌堂堂、性格溫和、有正義感。因受對宮破軍的影響，情緒較不穩定，容易改變主張。又因命坐天羅地網宮，心情易煩悶，常有志難伸之感。有時叛逆性強，常會與上司、父母起爭執。命宮中有紫微化權的人，較老成持謀。

『紫相坐命』的人，財帛宮為『武府』，是一等富足的財運。官祿宮是『廉貞』，必會有特殊技能，宜公職、大企業中任職。有高職位、高薪。壬年生命宮中有『紫微化權』的人主貴。己年生，財帛宮中有『武曲化祿』的人主富。

最忌丙年生有『廉貞化忌』在官祿宮，一生事業蹉跎，官非多。更忌壬年升有『武曲化忌』在財帛宮，一生財少，金錢糾紛多。也怕生在丑、巳、未、酉、亥時生的人，會有天空、地劫在『命、財、官』三方出現，傷害命格。

『紫相坐命』的人，父母宮是『天梁陷落』。得不到父母良好的照顧，在升職競爭中也缺乏貴人相助。兄弟宮是『機巨』，兄弟相處不和睦，是非多，夫妻宮是『貪狼』，會有品性不佳的配偶，結婚要小心。子女宮為『日月』，**命坐『丑』宮的人**，與女兒親密，**命坐『戌』宮的人**，與兒子親密。

注意事項：做父母的人若要為子女選用『紫相坐命』的命格，坐命辰、戌宮皆好。**宜選取己年者『武曲化祿』在財帛宮較好、較富**。壬年雖有『紫微化權』在命宮，但有『武曲化忌』在財帛宮，一生財運仍見困難。甲年有『破軍化權』相照命宮，也會增加命宮的力量。

『天梁坐命』巳、亥宮的人

在『紫微在辰』命盤格式中，天梁坐命的人，是坐命在『巳』宮。

在『紫微在戌』命盤格式中，天梁坐命的人，是坐命在『亥』宮。

『天梁坐命』巳、亥宮的人，身材中等略矮瘦。性格溫和，因對宮『天同』的影響，沒有競爭心、好逸惡勞、喜歡慵懶享受。但命宮居巳、亥四碼之地，一生較漂泊、動盪、喜歡玩樂。

『天梁坐命』巳、亥宮為居陷位，若生在丙、戊、庚、壬年，又生在丑、巳、酉時的人，會有『陽梁昌祿』格，可成為學者，講學各地，或成為船長，周遊各地。

『天梁坐命』巳、亥宮的人，財帛宮為『日月』，官祿宮為『空宮，

生辰八字一把罩

有機巨相照』，其人的『命、財、官』根本就是『機月同梁』格，因此必須做薪水族，或公職較安穩。

『天梁坐命』巳、亥宮的人，父母宮是『七殺』，與父母不合。兄弟宮是『紫相』，與兄弟姊妹和諧，夫妻宮是『機巨』，婚前是非就多，婚後也問題多多。子女宮是『貪狼』，有不好教養的子女。朋友宮是『破軍』，常有不良朋友。

注意事項：做父母的人若要為子女選用『天梁坐命巳、亥宮』的命格，**一定要找出具有『陽梁昌祿』格的年干與時辰，否則他只是一個喜歡到處亂跑飄盪的小孩。**

『七殺坐命』子、午宮的人

在『紫微在辰』命盤格式中，七殺坐命的人，是坐命在『午』宮。**在『紫微在戌』命盤格式中**，七殺坐命的人，是坐命在『子』宮。

『七殺坐命』子、午宮的人，身材略矮、瘦型、骨重、眼睛大、黑眼珠很大是其特徵，態度威嚴。方長型臉、青黯色。個性剛毅性急，喜怒無常，心中有謀略，利武職，易掌生殺大權。

『七殺坐命』子、午宮的人，多半少年不利，較坎坷，幼年身體不好，身體容易有外傷、開刀之類的問題。他們一生辛苦奔波，有堅忍不拔的精神，喜好冒險，敢擔當責任，性格倔強，不肯認輸，做事速戰速決，很能獨當一面。

『七殺坐命』子、午宮的人，因對宮是『武府』，外在的環境是個大財庫，很吸引他們出去奮鬥。他的財帛宮是『貪狼』，官祿宮是『破軍』，是像將軍必須出戰，才會有戰功及戰利品一般。因此『七殺坐命』的人，必須勞碌才會有所獲。生在丑、巳、酉時，有『陽梁昌祿』格的人，會做大企業的領導人，否則做公務人員也會有官貴。

『七殺坐命』子、午宮的人，父母宮為『空宮，有日月相照』，必會和父母中之一人緣淺而早離開。兄弟宮為『天梁陷落』，無法得到兄弟的助益。夫妻宮是『紫相』，夫妻和諧。子女宮是『機巨』，與子女口舌是非多，不好教養。

注意事項：做父母的人若要為子女選用『七殺坐命子、午宮』的命格，應注意：**七殺坐命『子』宮的人，會做高級公務員，有官貴。七殺坐命『午』宮的人主富，會做生意。**因此要選有『陽梁昌祿』格的時辰，命格才會高，事業才會做得大。

切記：壬年生有『武曲化忌』相照命宮不可取，癸年生有『貪狼化忌』在財帛宮也不行。丑、未、巳、亥四個時辰，會有地劫、天空在命宮也不可取，否則萬事成空，會有精神病。

『廉貞坐命』寅、申宮的人

在『紫微在辰』命盤格式中，廉貞坐命的人，是坐命在『申』宮。

在『紫微在戌』命盤格式中，廉貞坐命的人，是坐命在『寅』宮。

『廉貞坐命』寅、申宮的人，有中等身材、面橫、高顴骨、額寬口闊、眉露骨、眼光有神、身體強壯、能言善辯。個性堅強、性烈、主觀意識很強。為人很有衝勁、愛爭、事業心重、喜歡表現，他們是非常有智謀的人，做事會慢慢來，會做些暗中計劃的事。在某些方面較不磊落。喜掌權，不喜別人管束。

『廉貞坐命』寅、申宮的人，因對宮有『貪狼相照』，善於交際，具有才華。但也易與酒色財氣靠近。須防因賭博破敗。他的財帛宮是『紫相』，一生財運富足。官祿宮是『武府』，是做高級公務員、官員的料子。前台灣省長宋楚瑜先生便是『廉貞坐命申宮』的人。甲年生有『廉貞化祿』，己年生有『貪狼化權』都是很好的命格。若再選擇丑時、巳時、酉時出生，會有『陽梁昌祿』格，其人的命格會更高，有官貴。最忌丙年生有『廉貞化忌』在命宮，與壬年生有『武曲化忌』在官祿宮，則一生不會有多大出息了。

『廉貞坐命』的人，父母宮是『空宮，有機巨相照』，和父母緣薄。

兄弟宮亦是『空宮，有日月相照』，仍是不得力。夫妻宮為『七殺』，必須聚少離多，否則有刑剋。子女宮為『天梁陷落』，也無法好好照顧他們。

注意事項：做父母的人若要為子女選用『廉貞坐命』的命格時，必須先瞭解他們有六親不和的狀況。倘若要培養政治人物，可選此格，但**要選命格坐『寅』宮，『太陽居旺』的命格才行**。並且要選己年生有『貪狼化權』相照命宮的命格才會較強。

切記：丙年有『廉貞化忌』在命宮，壬年有『武曲化忌』在官祿宮，皆不可取。並且卯時、酉時生有天空、地劫在寅、申宮相互照耀亦不可取。

『破軍坐命』辰、戌宮的人

在**『紫微在辰』命盤格式中**，破軍坐命的人，是坐命在『戌』宮。

在**『紫微在戌』命盤格式中**，破軍坐命的人，是坐命在『辰』宮。

『破軍坐命』辰、戌宮的人，有五短身材，肩背厚、眉寬、口橫、性剛、好勝心強、敢愛敢恨。但性情反覆無常，讓人難以捉摸。他們一生幹勁十足，喜創業，一生多在開創格局。『破軍坐命』的人，有報復心態，私心也重，是破祖離鄉之命，一生勞碌。

『破軍坐命』辰、戌宮的人，因『對宮有紫相』的關係，一生在外運氣較好。從武職或打拼的工作，愈奔波愈發達。前考試院長許水德就是『破軍坐命辰宮』的人。

『破軍坐命』辰、戌宮的人，財帛宮是『七殺』，官祿宮是『貪狼』，甲年生有『破軍化權』在命宮的人最為強勢，壬年有『紫微化權』相照也不錯，易於走政途。生於丑、巳、酉時的人，又必須在丑、巳、酉宮有祿星，就會有『陽梁昌祿』格。一生的官運和學歷都會較高。

『破軍坐命』辰、戌宮的人，父母很溫和仁慈。兄弟宮為『空宮』，有『機巨相照』，彼此緣份不深。夫妻宮是『廉貞』，夫妻相剋、情感不睦。子女宮是『空宮，有日月相照』，子女少，緣份也淺。

注意事項：做父母的人若要為子女選用『破軍坐命辰、戌宮』的命盤時，應配合自家人其他的命格而選之，此命格幼年傷災多、破耗多、牙齒骨骼必有傷。**選此命格必須配合『陽梁昌祿』格才會主貴**，一生才有發展。

『天同坐命』巳、亥宮的人

在『紫微在辰』命盤格式中，天同坐命的人，是坐命在『亥』宮。

在『紫微在戌』命盤格式中，天同坐命的人，是坐命在『巳』宮。

『天同坐命』巳、亥宮的人，中等身材、相貌豐滿，眉清目秀，性情溫和耿直，較沒有脾氣，是一個很能控制自己的人。『命、財、官』三方若沒有權、祿二星，是一個懶散之人，沒有開創心，會游手好閒。

丁年生有『天同化權』在命宮的人，較有事業心，會打拼努力，事業發展極高。丙年生有『天同化祿』在命宮的人，因事業宮又會有天機化權，可做貿易，亦能成大商賈。

天同坐命巳、亥宮的人，財帛宮是『空宮，有日月相照』，須有昌曲、魁鉞等吉星進入為佳。羊陀火鈴等煞星進入時，一生財運不順。官祿宮為『機巨』，做學術研究、公務員、上班族，有固定薪水都不錯。生在丑、巳、酉時，具有『陽梁昌祿』格的人，一生成就也會較高，並且有火鈴在寅、申宮進入時會有暴發運，偏財運。

『天同坐命』巳、亥宮的人，父母宮是『武府』，父母較有錢，比較親密。兄弟宮為『破軍』，相處不和諧。夫妻宮為『空宮，有機巨相照』，夫妻間問題多，情感會漸趨冷淡。若空宮中進入左輔、右弼，會再婚。若進入擎羊、陀羅，相互剋害。子女宮為『廉貞』，親子關係不和諧。

注意事項：做父母的人若要為子女選用『天同坐命巳、亥宮』的命格時，**一定要注意到此命格為漂泊奔波的命格**，與家人聚少離多，會產生隔閡。**並且要選丁年生有『天同化權』坐命宮的才會有發展**，有衝勁，而乙年生對宮有『天梁化權』的人，只會固執、懶惰，一生無用。

第六節 『紫微在巳』、『紫微在亥』命盤格式中各種命格的人

6.紫微在巳

紫微(旺) 七殺(平) 巳	午	未	申
天機(平) 天梁(廟) 辰			廉貞(平) 破軍(陷) 酉
天相(陷) 卯			戌
太陽(旺) 巨門(廟) 寅	武曲(廟) 貪狼(廟) 丑	天同(旺) 太陰(廟) 子	天府(得) 亥

12.紫微在亥

天府(得) 巳	天同(陷) 太陰(平) 午	武曲(廟) 貪狼(廟) 未	太陽(得) 巨門(廟) 申
辰			天相(陷) 酉
廉貞(平) 破軍(陷) 卯			天機(平) 天梁(廟) 戌
寅	丑	子	紫微(旺) 七殺(平) 亥

『紫微在巳』、『紫微在亥』兩個命盤格式，是相互顛倒的格局。在這兩個命盤格式中都分別有四個空宮。因此屬於這兩個命盤格式的人在行運時，在十二個地支年裡，就會有四個空宮弱運的年份。在每一年中也會有四個空宮弱運的月份。

『同陰坐命』子、午宮的人

在『**紫微在巳**』**命盤格式中**，天同、太陰坐命的人，必坐命『子宮』。

在『**紫微在亥**』**命盤格式中**，同陰坐命的人，必坐命『午宮』。

在『**紫微在巳**』**命盤格式中**，坐命午宮為『空宮的人，有同陰相照』，其人相貌、性格、運程也會和同陰坐命子宮的人略同，因此請參考之。

在『**紫微在亥**』**命盤格式中**，坐命子宮為『空宮的人，有同陰相照』，其人相貌、性格、運程也會和同陰坐命午的人略同，因此請參考之。

同陰坐命『子』宮的人較高，中等身材、豐腴、性情開朗、溫柔美麗。此命的男子有文質的氣質，容貌俊秀，會得女子之助而成功。因命宮中『天同、太陰居旺』的關係，一生多福祿。本命是『機月同梁』格，會從官途居要職為清貴。若是子時生的人，『文昌居戌宮』，也會有『陽梁昌祿』格，一生富貴忠良。

同陰坐命『午』宮的人，因『同陰居陷』，其人較矮，一生財祿也少。多漂泊不定，勞碌終身。倘若是丙、戊年生的人，有『擎羊星』在午宮，與同陰同宮，或是擎羊獨坐午宮，有同陰相照的人，皆為『馬頭帶箭』格。命格威猛，可威震邊疆。法務部長城仲模就是『馬頭帶箭』格的人。

『同陰坐命』子、午宮的人，父母宮是『武貪』，與父母之間溝通不良瘺此不和諧。兄弟宮是『天府』，與兄弟姊妹感情好，可相互幫助。夫妻宮為『空宮，有機梁相照』，空宮中若進入左輔、右弼，會再婚。若進入羊陀火鈴，則有刑剋。進入昌曲，則夫妻和合。子女宮為『廉破』，子女緣薄，相處不佳。

注意事項：做父母的人若要為子女選用『同陰坐命子、午宮』的命格時，**當以命坐『子』宮為佳**。但也要注意其六親不和的問題。他們雖然外型俊俏、忠厚正直，一生穩當，但是也會有自己的脾氣。

丙年生有『天同化祿』，丁年生有『太陰化祿』、『天同化權』，戊年生有『太陰化權』在命宮的人，一生的成就較大，都是好命格。

切記：乙年生、庚年生有『太陰化忌』在命宮為不可取。

『武貪坐命』丑、未宮的人

在**『紫微在巳』命盤格式中**，武貪坐命的人，必坐命『丑宮』。

在**『紫微在巳』命盤格式中**，坐命未宮為空宮，有武貪相照的人，其人的形貌、個性、運程都和『武貪坐命丑宮』的人略同，請參考之。

在**『紫微在亥』命盤格式中**，武貪坐命的人，必坐命『未宮』。

在**『紫微在亥』命盤格式中**，坐命丑宮為空宮，有武貪相照的人，其人的形貌、個性、運程都和『武貪坐命未宮』的人略同，請參考之。

『武貪坐命』丑、未宮的人，中等身材，身體壯碩、性格剛強、剛毅果決、性急、圓長臉、做事勤快負責、重言諾、一生勞心勞力。本命就屬於『武貪格』的暴發格。但『武貪』不發少年人，要等三十五歲以後會大發。己年生有『武曲化祿』、『貪狼化權』在命宮的人，一生的成就較大。戊年生有『貪狼化祿』，庚年生有『武曲化權』皆是好命格。但丁、己、癸年有擎羊同在命宮或相照的人，為破格，暴發運會變小或不發。他們適合做軍警職或專業人才。

『武貪坐命』的人，財帛宮為『廉破』，守不住財，理財能力也不好，必須請會計或家人代勞。官祿宮為『紫殺』，只要努力打拼，便可登高位。

『武貪坐命』的人，父母宮是『陽巨』，命坐『丑』宮的人，尚能與父母相處，只是口舌是非多一點。命坐『未』宮的人與父母較無緣，不睦。兄弟宮為『同陰』，與姊妹情感尤親密。夫妻宮是『天府』，配偶可幫助管理錢財，相互恩愛。子女宮為『空宮，有機巨相照』，與子女緣份淺薄，子女少。

注意事項：做父母的人若要為子女選用『武貪坐命』的命格，要先認清他們的怪脾氣。沉默、話少，他只會和兄弟姊妹說話，和外人講話，與父母少溝通。

戊、己、庚年生的人，暴發運都不錯，可選取。**壬年有『武曲化忌』，癸年有『貪狼化忌』則不可取。**

『陽巨坐命』寅、申宮的人

在『**紫微在巳**』**命盤格式中**，陽巨坐命的人，是命坐『寅』宮。

在『**紫微在巳**』**命盤格式中**，『坐命申宮為空宮』，有陽巨相照的人，其形貌、性格，一生運程和『陽巨坐命寅宮』的人類似，請參考之。

在『紫微在亥』命盤格式中，陽巨坐命的人，必坐命於『申』宮。

在『紫微在亥』命盤格式中，『坐命寅宮為空宮』，有陽巨相照的人，其形貌、性格，一生運程，和『陽巨坐命申宮』的人相似，請參考之。

『陽巨坐命』的人，身材略矮，臉方圓。命坐『寅』宮的人較胖。命坐『申』宮的人較瘦。他們都是三十歲以前運不好，三十歲以後，漸入佳境的人，先貧而後富。

陽巨坐命『寅』宮的人，因太陽居旺的關係，做事較勤奮，為人一板一眼，性格固執，對事業有恆心，較容易成功。但一生都是競爭的格局。**陽巨坐命『申』宮的人**，先勤後惰，與人是非口舌多，好吹噓，心思不穩定，與人常發生爭執。

『陽巨坐命』的人，財帛宮是空宮，有機梁相照，官祿宮也是『空宮，有同陰相照』。可見其財運與事業運都不強。但基本上還是『機月同梁』格的型態。做固定的薪水階級可順遂。辛年生有『太陽化權在命宮』，並有『天刑』者，可做司法官。其他的人可做教師、業務員、仲介業、販賣業等工作。

『陽巨坐命』的人，父母宮是『天相』，彼此和諧。兄弟宮是『武貪』，與兄弟易生爭執。夫妻宮是『同陰』，會有俊美的配偶，相互恩愛。子女宮為『天府』，與子女緣份好。

注意事項：坐父母的人若要為子女選用『陽巨坐命』的命格時，應以『命坐寅宮』為佳。太陽居旺，較勤奮，有競爭力。

庚年有『太陽化祿』，辛年有『太陽化祿』、『巨門化祿』，癸年有『巨門化權』都是好命格。

切記：甲年生有『太陽化忌』，丁年生有『巨門化忌』，皆不可取。

『天相坐命』卯、酉宮的人

在『**紫微在巳**』**命盤格式中**，天相坐命的人，是命坐『卯』宮。在『**紫微在亥**』**命盤格式中**，天相坐命的人，是命坐『酉』宮。

『**天相坐命**』**卯、酉宮的人**，身材矮瘦，身體欠佳。長相忠厚老實，性格溫和，衝勁不足，相貌端正，服務熱心，但不喜無謂的麻煩。他們的心腸好，有正義感。

『**天相坐命**』**卯、酉宮的人，因對宮有**『**廉破**』**的影響**，個性保守、固執、多思慮、擅理財，適合公職。他們的財帛宮是『天府』，居得地之位，財富不多，剛好富足。官祿宮為『空宮，有武貪相照』，宜做軍警機關職員，但做不長久。『命、財、官』三方都不算強。但是他們有暴發運。**命坐『卯』宮的人**，在丑年暴發。**命坐『未』宮的人**，在未年暴發。倘若有火星、鈴星在與『武貪相照』的宮位中，也就是在其人的官祿宮出現時，會在丑、未年都有暴發運，而且是雙重的暴發運。但此人必定有工作才能暴發，繼而帶來龐大的財富。

『天相坐命』卯、酉宮的人，父母宮是『機梁』，受父母照顧，恩澤大。兄弟宮是『陽巨』，命坐『卯』宮的人與兄弟感情還算好，只是愛拌嘴。命坐『酉』宮的人，與兄弟姊妹感情淡薄，是非多。夫妻宮是『武貪』，配偶較強勢作風，彼此會有不合。子女宮為『同陰』，**命坐『卯』宮的人**，『同陰居旺』，和子女感情深厚。**命坐『酉』宮的人**，『同陰居陷』，和子女無緣，不合。

注意事項：父母若要為子女選用『天相坐命卯、酉宮』的命格，**應選用『命坐卯宮』者為佳**。有『日月共明』的格局，六親關係較好。

甲年有『廉貞化祿』、『破軍化權』相照命宮，其人雖特別固執，但也很能幹。

切記：丙年有『廉貞化忌』，壬年有『武曲化忌』，癸年有『貪狼化忌』都不可選。

『機梁坐命』辰、戌宮的人

在『紫微在巳』命盤格式中，機梁坐命的人，是坐命在『辰』宮。

在『紫微在巳』命盤格式中，『坐命戌宮為空宮』，有機梁相照的人，其形貌、性格，一生運程都和『機梁坐命辰宮』的人相似，請參考之。

在『紫微在亥』命盤格式中，機梁坐命的人，是坐命在『戌』宮。**在『紫微在亥』命盤格式中**，『坐命辰宮為空宮』，有機梁相照的人，其形貌、性格，一生運程都和『機梁坐命戌宮』的人相似，請參考之。

『機梁坐命』辰、戌宮的人，中等略矮身材，瘦型，聰明機智，很會說話，很有分析能力，能策劃事情，有時會聰明過度，受人排擠。

『機梁坐命』的人，乙年、庚年、壬年生，又生在子時或午時的人，有『陽梁昌祿』格，有官貴，可做高級公務員，基本上機梁坐命者全屬於『機月同梁』格，是薪水族的階級。有煞星進入其『命、財、官』三方時，其人會心術不正，不務正業。

『機梁坐命』的人，財帛宮是『同陰』。命坐『辰』宮的人財運好，較有錢。**命坐『戌』宮的人，財帛宮的『同陰居陷』，較窮困。**官祿宮為

『空宮，有陽巨相照』，他們沒有事業心，工作也做不長。

『機梁坐命』的人，父母宮是『紫殺』，與父母緣淺、不合。兄弟宮是『天相』，相處和諧。夫妻宮是『陽巨』，夫妻間口角多。**命坐『辰』宮的人**，婚姻還美滿。**命坐『戌』宮的人**，婚姻會產生問題。子女宮是『武貪』，與子女無法溝通，彼此無法交流。

注意事項：做父母的人若要為子女選用『機梁坐命辰、戌宮』的命格，**應以坐命『辰』宮者較佳**。乙年生有『天機化祿』、『天梁化權』，最為有力。

切記：戊年有『天機化忌』在命宮及有擎羊、陀羅在命宮，會心術不正，為人惡質，不可取。

『紫殺坐命』巳、亥宮的人

在『紫微在巳』命盤格式中，紫殺坐命的人，是坐命在『巳』宮。**在『紫微在亥』命盤格式中**，紫殺坐命的人，是坐命在『亥』宮。

『紫殺坐命』巳、亥宮的人，身材略矮、壯碩、腰背厚。其人的眼睛大，黑眼珠更大。長相氣派，有威嚴。性格強悍，做事有魄力，並且雄心萬丈。通常他們都是白手起家的人，很喜歡創業，不喜被人管，愛管人。事業心很強，為人健談、好強、喜權勢。平常很積極，心情不好時就懶得動了。

『紫殺坐命』的人，財帛宮是『武貪』，正坐『武貪格』暴發運上，因此只要財帛宮與福德宮內沒有化忌、羊陀製造『破格』，都會有很好的財運。官祿宮為『廉破』，是一種成敗不定，辛苦努力，常會破敗的事業型態，因此『紫殺坐命』的人，常常在創業，因為他們的本命，其實是『機月同梁』格，必須做薪水階級才會順暢，不宜創業。

『紫殺坐命』者，父母宮為『空宮，有同陰相照』，父母很溫和。**坐命『巳』宮的人**，尚能和父母和睦相處，**命坐『亥』宮的人**，父母較窮，彼此無緣。

兄弟宮是『機梁』，和兄弟姐妹是精神上的鼓勵。夫妻宮是『天相』，有良好的夫妻運。子女宮是『陽巨』，與子女多口舌之爭。

注意事項：做父母的人若要為子女選用『紫殺坐命』的命格，**以『命坐巳宮』的命格較好，有『日月共明』的格局**，六親緣深較和諧。

切記：壬年有『武曲化忌』，癸年有『貪狼化忌』會影響暴發運。甲年有『太陽化忌』，並為羊陀所夾，形成『羊陀夾忌』的惡格，流年不利會暴斃。**星相家陳靖怡就是紫殺坐命又生於甲年有『羊陀夾忌』惡格，**流年逢到，為男友刺死。

『廉破坐命』卯、酉宮的人

在『紫微在巳』命盤格式中，廉破坐命的人，是坐命在『酉』宮。

在『紫微在亥』命盤格式中，廉破坐命的人，是坐命在『卯』宮。

『廉破坐命』卯、酉宮的人，身材中等，額寬、口闊、面橫，臉上有凹洞、痳臉、破相。眼光有神、顴骨高、眉露骨，相貌不算好，其人性格堅強，很能吃苦，白手成家，為人衝動，口才不錯，但很狂妄，平時較陰沉、話少，辯論時很犀利。**政壇上的林瑞圖先生便是『廉破坐**

命』的人。

『廉破坐命』的人，幼年體弱多病，長大後較好。他們都有『武貪格』暴發運，但橫發不耐久。其財帛宮是『紫殺』，官祿宮是『武貪』。因此一定會暴發在事業上，可大顯身手。己、庚、壬年生人，又生在子時或午時的人，會有『陽梁昌祿』格，一生有官貴，會走政途。

『廉破坐命』的人，六親緣份不深，會破祖離家。他的父母宮、兄弟宮、夫妻宮、子女宮全是空宮，靠對宮相照的星來供給運道，實在夠弱，倘若這些空宮裡進入昌曲、左輔、魁鉞還好。若進入羊、陀、火、鈴則不佳。尤其左右不可進入夫妻宮，會再婚。火、鈴在夫妻宮，雖對夫妻運不利，但可造成雙重暴發運，在丑、未年都可暴發。

注意事項：做父母的若要為子女選用『廉破坐命』的命格，我看還是不必了吧！因為此命格的人長得既不好看，難以討喜，人的性格又頑固怪異，與家人格格不入，實在看不出有那一點好的。況且甲年生有廉貞化祿，破軍化權在命格，好像是很不錯了，但是也有太陽化忌在命盤中，並且形成『羊陀夾忌』的惡格，流年逢到，會被劫殺，豈為好命？

『天府坐命』巳、亥宮的人

在『紫微在巳』命盤格式中，天府坐命的人，是坐命在『亥』宮。

在『紫微在亥』命盤格式中，天府坐命的人，是坐命在『巳』宮。

『天府坐命』巳、亥宮的人，因命宮只在得地之位，其人身材中等不高、略瘦。面色白、長方臉、性格忠厚、老實、愛操心、很勞碌。其人個性很保守，很會理財，做公教職、文職較佳。

『天府坐命』巳、亥宮的人，財帛宮是『空宮，有武貪相照』，若再有火星、鈴星進入財帛宮，形成雙重暴發運，一生發財無數。其官祿宮是天相，適合薪水階級，保守的儲蓄生財。

『天府坐命』的人，生在己、庚、壬年，又須生在子時、午時，會有『陽梁昌祿』格，一生的命格高，可做高級公務員(為官)，壬年有『紫微化權』，乙年有『紫微化科相照命宮』，都是很好的命格。

『天府坐命』巳、亥宮的人，父母宮是『同陰』，命坐『亥』宮的人有慈愛的父母，與父母親密。命坐『巳』宮的人較差。兄弟宮是『空宮，有機梁相照』，兄弟姐妹彼此淡薄。夫妻宮是『廉破』，必會再婚。子女宮為『空宮，有陽巨相照』，與子女緣淺，問題多。

注意事項：做父母的人若要為子女選用『天府坐命巳、亥宮』的命格，因為他們也幾乎是六親不合的情況，你必須要三思而行。命坐

『亥』宮的命格稍好。己年、壬年出生也還不錯。再選子時、午時有『陽梁昌祿』格，命格會較高。

切記：壬年有『武曲化忌』，癸年有『貪狼化忌』會影響暴發運格不發。

空宮坐命的人，命宮中沒有主星的時候，可以遷移宮中的主星來代表命宮主星。倘若有羊、陀、火、鈴、昌、曲、魁、鉞、左輔、右弼為命宮主星的人，因遷移宮對命宮有對照、對沖的影響，是故也會影響別人的命格、相貌、體型及一生的運程的。因此空宮坐命的人，是以本命宮中的主星加上遷移宮(對宮)中主星的特徵，做為一個人整體形象，命程的概括。

第四章　優質命格的關鍵條件

多父母在生妊嬰孩的時候，都認為替子女找到了好命格，但是往往在排出命盤後才啊…！啊…！嘆息。這些人往往都是在生第一胎嬰兒，以自然生產的方式出生，孕婦在施打催生針，七拖八拖的，拖到了太陽西下，入暮時分，嬰兒才誕生出來。在這種情況下往往就會進入不算好的命格之中。

經我多年的統計，在酉時（下午五時至七時）出生的嬰孩，往往命格都不太好，這多半是因為『酉時』是白日與黑夜的相交時刻，酉時的神煞太多，再和年干中神煞的沖合，形成不好的條件所致。『酉時』雖然也是形成『陽梁昌祿』格的重要時辰之一，但是能真正形成完美的『陽梁昌祿』格，還是不容易的。往往就會有缺乏祿星，或者太陽、天梁不在三合宮位之中，功虧一潰。再則『酉』時出生的人，多半有婚姻不順遂的問題，一生在六親情份與感情的抒發上不順暢，這也是我常勸朋友們『勿』為子女選擇『酉時』出生的原因。

在一般人心目中所謂『好命格』的定義：就是八字好、財祿好、享福多、可以做大官、有出息的命格。

而在命理學的觀點中，『好命格』則是指命格高、奮發有力、刑剋少、干支有情，再藉由運程扶助，自然可成為好命格。

倘若將上述的觀點綜合起來，『好命格』的真正條件就自然浮上檯面了。**現在我就將這些『好命格』條件的重點略述於後。**

『好命格』的第一要件：『命盤格式』的優劣對於人生運程的影響

在斗數中，將人類的命格規劃在十二個命盤格式之中，這是一種規納、統計的方法。再由年、月、日、時的變化，加以交錯演繹，而形成幾千萬個的不同種類的命格。大致的命盤格式雖只有十二個，但對於每個人一生的影響卻極為深遠，並且是深刻的了。

譬如說十二個命盤格式，卻真正只有六組型式。每一組型式中有一個命盤格局屬於正盤，另一個命盤格局是星盤顛倒過來的形式。

在十二個命盤格式中也有高下之分。具有星曜居旺者多的為高格局，具有星曜居平陷者多的為低格局。就像『紫微在申』命盤格式中只有廉貞居平位和天機居陷位而已，故在此命盤格式中坐命的人，是屬於命格較高的命格，而『紫微在丑』命盤格式中，太陰、廉貞、貪狼、天梁、太陽、武曲都居陷位。天府財庫星也只在得位之位。故坐命於此命盤格式中的人，也屬於命格較低的人了。

倘若再由『陽梁昌祿』格所組成『趨貴』的命理格式來看，在十二個命盤格式中，就有『紫微在丑』、『紫微在未』、『紫微在巳』、『紫微在亥』四個命盤格式無法形成『陽梁昌祿』格，在人生的機運上是不足以和另外八個命盤格式的人相較量、相抗衡的。

而上述四個命盤格式中，『紫微在巳』、『紫微在亥』命盤格式的人，尚且還有『武貪格』暴發運可以運用，也能增貴。因此真正屬於命運不濟的恐怕只有『紫微在丑』、『紫微在未』兩個命盤格式的人了。而『紫微在未』命盤格式中，因又有『日月共明』的佳兆，因此也優於『紫微在丑』命盤格式。

在命理實際的驗證裡，『紫微在丑』命盤格式的人，大多是勞工階級的出身，縱然出身在富家，成就也是不被看好的。

因此十二個命盤格式的排行榜即躍然而出：

第一等級：『紫微在申』命盤格式
第二等級：『紫微在寅』命盤格式
第三等級：『紫微在午』命盤格式
第四等級：『紫微在辰』、『紫微在戌』命盤格式
第五等級：『紫微在卯』命盤格式
第六等級：『紫微在子』、『紫微在酉』命盤格式
第七等級：『紫微在巳』命盤格式
第八等級：『紫微在亥』命盤格式
第九等級：『紫微在未』命盤格式

第十等級：『紫微在丑』命盤格式

以上命盤格式的等級之分，是我以星曜旺弱，以及實際命相經驗中所體會出來的命盤格式強弱的分析，謹供讀者為子女選擇命盤格式時做參考。

『好命格』的第二要件：
『五行局』對於人的命格與運程的影響

『五行局』是命宮干支和生年納音形成的。因此本生年的年干就很重要了。五行局（即水二局、木三局、金四局、土五局、火六局）的形成到底在人的命格或運程中佔有什麼樣的重要地位呢？

我們發現，能形成『紫微在申』命盤格局的人，多半是水二局的人。水二局中還有較多是『紫微在酉』命盤格局的人，**而土五局的人，**

多半會形成『紫微在辰』、『紫微在戌』等命盤格式。**木三局的人，**多半會形成『紫微在丑』、『紫微在未』的命盤格式。**而火六局的人，**多半會形成『紫微在寅』、『紫微在亥』命盤格式。**而金四局的人，**較多會形成『紫微在巳』、『紫微在卯』命盤格式。當然這只是一個粗略的估計，並不全是必然現象。

但是『五行局』真正會影響到人開始行運的年歲，這是不爭的事實。例如說：水二局的人，是二歲開始起運的。水三局的人，是三歲開始起運的。金四局是四歲開始起運。土五局是五歲開始起運。火六局是六歲開始起運。

人開始起運時，便開始有了思想和智慧，更擁有了良好的記憶。因此我們常可以看到很多很早便能言善道的幼兒，一、二歲便口齒伶俐，這便是水二局的人了。同時水二局的人，對童年時的記憶也可追溯至二歲左右。讓人不可思議。並且他們也是智慧早開的人。

另外我們在一些比較木訥的人，或者發展較遲緩的小孩命格中，也會瞭解到這些人多半是『土五局』和『火六局』的人了。因為他們起運遲，智慧開得較晚。五、六歲之前始終是懵懵懂懂在過日子，學習能力差，精神不能集中，這也影響到日後學習能力的問題，因此必須注意。

我曾在《安全自保手冊》一書中提到：許多走失或被竊的失蹤兒童裡，也多半是五行局屬於『土五局』或『火六局』的人。主要因為幼兒在未開運之前，是隨母親行運的過程而行運的。倘若母親的運程不佳，幼兒的運程也自然運弱而不佳，再加上行運遲，沒有貴人助運的情況下，幼兒的父母宮也無吉星，或者是空宮，幼兒很容易失蹤或遇不測。因此我建議要為子女選好命格，以及注重子女智慧的父母們，五行局也一併要列入考慮之中。

『好命格』的第三要件：大運順行、逆行的行運方向

一般人在選取命格時，很少會注意到行運方向的問題。其實真正精通命理的人，最重視的就是『運』，其次才重視『命』的。譬如說，兩個差不多的命格，其中一人的行運方向順利，所行的大運都是吉星當旺的運程，而另一人反向行運，這兩個人一生的結果就會有高下之分了。

大運運行的方向，要看年干的陰陽，還要看男女乾坤的分際。因此會有陽男、陰女、陰男、陽女之分。

陽年（甲、丙、戊、庚、壬年）**所生的男子為陽男。**

陽年（甲、丙、戊、庚、壬年）**所生的女子為陽女。**

陰年（乙、丁、己、辛、癸年）**所生的男子為陰男。**

生辰八字一把罩

陰年（乙、丁、己、辛、癸年）**所生的女子為陰女。**

大運運行的方向，是在命盤上顯示：

以**『陽男、陰女』為順時針方向運行大運，**

而**『陰男、陽女』則逆時針方向運行大運。**

每一個大運管十年的運氣，都是從命宮處開始起算的。

我們來看長榮海運張榮發先生的例子：

張榮發先生是己卯年出生的人，為陰男。他的大運在25歲至34歲極為不好，走『天機陷落化科及擎羊運』，是傷災多，萬事不順的時候，在35歲至44歲也不算好，走『破軍與祿存運』，極力打拚，破耗多，但所留無幾，這段時期他開創了很多的事業，但都不賺錢。一直到60歲辰年走『武貪格』大運時，得李登輝總統之助，才能跨入航空界的領域，使長榮集團真正的鞏固了起來。

張榮發先生 的命盤

財帛宮 太陽 文曲 天刑 陀羅 45 — 54 乙巳	子女宮 破軍 祿存 35 — 44 丙午	夫妻宮 天機化科 擎羊 25 — 34 丁未	兄弟宮 紫微 天府 天馬 15 — 24 戊申
疾厄宮 武曲 55 — 64 甲辰	己卯年生 陰男		命宮 太陰化祿 文昌 天姚 天鉞 5 — 14 己酉
遷移宮 天同化權 65 — 74 癸卯	土五局		父母宮 貪狼 火星 庚戌
僕役宮 七殺 右弼 壬寅	官祿宮 天梁 癸丑	田宅宮 廉貞 天相 左輔 壬子	福德宮 巨門化忌 鈴星 天魁 辛亥

倘若張榮發先生是陽年生的人，大運方向順行的話，他就可能在24歲以前逢到『火貪格』及『武貪格』。不過在這個年紀的人，多半事業沒有成型。最多只會給他個人及家庭帶來一筆財富，想要醞釀成大事業比較難，若再逢大運中『武火貪』格的最大偏財運運程時，已是75歲至84歲的年紀了，這在人生的際遇中，若再想努力打拚已不可能。因此人的好運、壞運，在大運運行的方向上，是有差別之分。

我們再看星雲法師的例子：

星雲法師也是陰年生的人，故行運方向也是逆行，他自年幼起出家，又經過戰亂，到台灣，一路倒還順利，在46歲至55歲的大運裡暴發『武貪格』暴發運，此運又稱偏財運。得以建立佛光山為佛教王國。並將佛教事業向外普及，漸至全世界。

星雲法師 的命盤

命宮	父母宮	福德宮	田宅宮
紫微 七殺 右弼 陀羅 天馬 6—15 乙巳	祿存 文曲 天姚 丙午	擎羊 丁未	文昌 台輔 戊申
兄弟宮 天機 天梁 封誥 陰煞 16—25 甲辰	陰男		**官祿宮** 廉貞 破軍 天空 左輔 天鉞 86—95 己酉
夫妻宮 天相 26—35 癸卯	火六局		**僕役宮** 76—85 庚戌
子女宮 太陽 巨門化忌 天刑 36—45 壬寅	**財帛宮** 武曲 貪狼 地劫 46—55 癸丑	**疾厄宮** 天同化權 太陰化祿 鈴星 56—65 壬子	**遷移宮** 天府 火星 天魁 66—75 辛亥

倘若在相同的命盤裡，星雲法師早一年出生，或晚一年出生的話，（為陽年出生）行順時針運行的大運運行方向，他這一生恐怕就不是目前這個地位了，命運不濟，縱使皈依佛門，可能只是個小沙彌了。

『好命格』的第四要件：命格中的天梁星必須居旺才行

天梁星是貴人星。大家都知道命格中的天梁星居旺時，最有貴人緣，可以得到多方照顧。

天梁星也是官星。命格中有『陽梁昌祿』格就顯示的很明白。在這個格中主要顯示的就是官格、官貴。倘若『陽梁昌祿』格中的天梁星是陷落位置的情況時，則不論太陽是否居旺，其人在官運上都是崎嶇坎坷的。**例如前任省長宋楚瑜先生是『紫微在辰』命盤格式的人**，為乙酉年

（陰年生的男子）生人。大運為逆向運行。目前的大運剛好行到卯宮、天機化祿、巨門、祿存運裡。他人生的命運裡剛好又是一個轉捩點的時刻，**而他命格中的天梁星就是陷落的，雖有化權，但也顯得無力**。在官途上會遭到上司層峰的多加阻力，必須經自己的打拚，才能開創新契機。因此，天梁星在命格中落陷的人，多半不太會相信別人會照顧自己，他們比較傾向於同輩的人，交換利益條件而找出生存之道。**而這種命運倘若要和黃大洲先生的天梁居旺比較起來**。前者不知要辛苦多少倍。而後者不知要享福多少倍？事事有人為你鋪路，並且在人緣關係中也是上、下通達的局面。

宋楚瑜先生 的命盤

<table>
<tr>
<td>子女宮
天梁化權
32—41 辛巳</td>
<td>夫妻宮
七殺
22—31 壬午</td>
<td>兄弟宮
12—21 癸未</td>
<td>命　宮
廉貞
天鉞
2—11 甲申</td>
</tr>
<tr>
<td>財帛宮
紫微化科
天相
擎羊
42—51 庚辰</td>
<td rowspan="2" colspan="2">乙酉年生
陰男
水二局</td>
<td>父母宮
乙酉</td>
</tr>
<tr>
<td>疾厄宮
天機化祿
巨門
祿存
52—61 乙卯</td>
<td>福德宮
破軍
丙戌</td>
</tr>
<tr>
<td>遷移宮
貪狼
陀羅
62—71 戊寅</td>
<td>僕役宮
太陽
太陰化忌
己丑</td>
<td>官祿宮
武曲
天府
戊子</td>
<td>田宅宮
天同
丁亥</td>
</tr>
</table>

黃大洲先生 的命盤

命宮 太陽 祿存 2—11 癸巳	父母宮 破軍 擎羊 12—21 甲午	福德宮 天機化權 鈴星 22—31 乙未	田宅宮 紫微 天府 地劫 32—41 丙申
兄弟宮 武曲 陀羅 壬辰	丙子年生 陽男 水二局		官祿宮 太陰 天鉞 42—51 丁酉
夫妻宮 天同化祿 台輔 辛卯			僕役宮 貪狼 52—61 戊戌
子女宮 七殺 天空 庚寅	財帛宮 天梁 文昌化科 文曲 辛丑	疾厄宮 廉貞化忌 天相 庚子	遷移宮 巨門 天魁 火星 62—71 己亥

『好命格』的第五要件：命格中必須要是『日月共明』的格局才行

在人的命格中，太陽與太陰的位置都在居旺的位置，稱做『日月共明』格局。在每一個人的命盤中，只要有這個條件的人，在行運十二個地支年的時候，都會比具有『日月反背』格局的人，多了兩年的好運。

並且若是大運正逢太陽運或太陰運程時，就會多出十年或二十年的好運來。這在人生數十年生命的比例中，是不是佔了極大的優勢了呢？

太陽不但代表一種旺運，更代表了男性及男性的世界，倘若太陽是居陷位的人，則一生在男性的世界中，無法具有強勢的競爭力，很快的就會被擠到一邊，或是遭受到在男性團體中人緣欠佳的局面。他們自己也會覺得心中煩悶，而不願待在幕前露臉，參加競爭。一生的運氣大打了折扣。並且也剋父，與家中男性相剋，中年剋男性自己。

太陰不但代表了財祿，也代表女性世界中的人。倘若太陰居陷位的人，一生在財運上常有不順的現象，也無法管理好自身的財務問題。並且剋母，與家中女性不合，與外面的女性也不合，在女性團體中得不到人緣。

『日月反背』**格局暨然有這麼多後遺症**，每一個欲為子女選用命格的父母親們是絕不能忽略的了。

『好命格』的第六要件：

命格中的『殺、破、狼』格局最好都坐在旺位。

命格中的『殺、破、狼』格局，是由七殺、破軍、貪狼三顆星所組**成的**。他們分別處在命盤上的三合宮位之中，成三足鼎立。

『殺、破、狼』格局代表著三個不同的、動盪的、變化的時期。

七殺代表著奮鬥、打拚，辛苦的付出勞力、血汗，不畏艱辛，不必困難，努力的披荊斬棘，直往前面的一個目標奔馳、推進。就好像古代出征的軍士一樣，從不會想到還會不會看到明日的太陽，只是埋頭苦幹，拚死沙場。這種努力是付出血汗，就會得到財祿的結果。

破軍，也代表奮鬥、打拚的意志力，但是它會付出很大的代價，其收獲也沒有預期的好。倘若破軍居旺時，它所努力而展現的成果會在日後隔了一段時間，才會展現出來。倘若破軍居陷時，則損耗極大，得不償失，完全犧牲掉了。

貪狼所呈現的是一種機會主義。它是流動的、不確定的一種旺運機會，也代表在人緣關係上的圓滑交際。貪狼若是居旺位時，人在人緣及財運上就會突發好運，甚至會有偏財運。但貪狼運若居陷位時，人緣及財運都受到阻擾而無法順利了。此時其人是令人討厭，人緣不佳的狀態。財運也因沒有機會而斷送了。

在十二個命盤格式中，只有『紫微在寅』及『紫微在申』兩個命盤格式的人的命格中，『殺、破、狼』格局是完全居旺位的，也就是說：只有這兩個命盤格式的人，是完全能享受到『殺、破、狼』格局給他們在生命中有『好的變化』的人。**其他的人狀況如下：**

『紫微在子』、『紫微在午』命盤格式的人，是破軍不在旺位，只居得地之位。因此在行經此破軍運程時，是破耗大過於他勞碌辛苦所得的利益的。不但破財多，升職無運，也可能多製造血光、傷災。

『紫微在丑』、『紫微在未』命盤格式的人，是貪狼星居陷位。因此在行貪狼運時，人緣關係惡劣，也特別缺乏良好的機會，不論是在事業上，學業上，錢財、運途上、一般事務上，都難以應付。

『紫微在卯』、『紫微在酉』命盤格式的人，是破軍與貪狼星都居平陷之位。因此在人生每一個大運（十年）運程中，凡經過此破軍運與貪狼運，都無法得到好的機會，勞碌有餘，但是打拚奮鬥不得力，破耗、損耗太多，而真正的好運機會，偏運機會並不太強，幾乎是得不到外力的幫助的情形下，這真是非常吃虧的事。

『紫微在辰』、『紫微在戌』命盤格式的人，在『殺、破、狼』格局中是貪狼居平陷之位。這也是機運、人緣不佳的狀況。在行運貪狼運時，機緣不佳，沒有別人旺，一切就必須靠自己付出代價，辛苦勞力才能致勝了。

『紫微在巳』、『紫微在亥』命盤格式的人，『殺、破、狼』格局中是破軍居陷落之位的。故而在行破軍運時，真是百孔千瘡，每下愈況的局面了。

『好命格』的第七要件：命格中煞星所處的位置要得當。

每一個人的命盤中，都會有煞星在盤中運作。擎羊、陀羅是以年干而安置的。火星、鈴星、地劫、天空是以出生時來安置的。

『擎羊星』雖然是一顆陰狠的煞星，但是相對的，它在人命宮中時，也會帶給人多慮、計謀、陰巧的思維。這就是一種『化煞為權』的力量。以前的中共領導人鄧小平先生，就是武曲、七殺、擎羊坐命於卯宮的人。一生的起落際遇，豈是一般常人所能忍受得了的際遇。但是最後的大權在握，就靠的是這顆擎羊了。

目前不論是台灣的政壇上，或是國際的政治界中，許多政治人物的命格中，都有這顆擎羊星助力，在幫助他們『化煞為權』。這顆擎羊星或許不單單在命宮中，只要在『命、財、官』三方照合，或者在遷移宮中，就會產生力量，來助他們『化煞為權』了，我們只要從這些政治人物的臉上就可找到這種跡象。譬如說，臉上有許多凹洞，近似麻臉，或者是下巴略尖，薄唇、眼眸深沈、態度深沈冷靜之類的特徵，便可找出擎羊星在他們一生運程中所扮演的角色了。

『陀羅星』的缺點多過優點，也可以說幾乎沒有優點可談。因此命宮中有陀羅星的人，多半顢頇自大、頭腦不清，所想的主意多半是極笨的主意。陀羅星若在『命、財、官』三方出現的人，事業成就與一生的運程是拖拖拉拉，沒有什麼起色的。

『火星、鈴星』雖也稱煞星，除了和巨門（暗星）、破軍（耗星），七殺（殺星）、廉貞（囚星）等會合，形成沖剋的局面，它若單獨的存在，其煞並不會太嚴重。火星、鈴星尤其逢貪狼星時，更兼具了暴發運、偏財運的作用，激勵了貪狼星中偏向對人有利的機緣。因此火星、鈴星的急速與勇猛，在命格中的財帛宮內，或是在『火貪格』、『鈴貪格』中，倒成了吉運星了。

『天空、地劫』也是煞星，在人的命格中，總是劫人財祿，使萬事成空。但是若是具有桃花命的人，像是廉貪加文曲坐命，紫貪加天姚星坐命的人，命宮再有地劫、天空來同宮或相照。此人的桃花邪淫的命格成份就會被去掉，使其人習正了。因此這兩星也自有他們的長處。

無論如何，煞星在命格中所處的位置是必須要得當的。所謂得當就是不能妨礙一個人正命、正運的發展。在人『命、財、官』三合方，有些星可以存在，有些星就不能出現。要不然煞星就要在閒宮的宮位才不會阻礙了人一生的運途與命格。

『好命格』的第八要件：
『受胎日』的吉凶對人也有影響。

命理學上常常會談到『命從天定』這個問題。何謂『命從天定』呢？這就是說早就注定了的事了。

古法論命中，曾有『四柱者，胎、月、日、時。』可見古人在論命時是非常注重『胎元』的了。又說：『胎元』主『父母、祖宗者十分。主事者二分。』即是以胎元代表祖上、父母與我們之間的關係。

普通胎元都是以生月回溯算其懷胎的月份而定『胎元』。現今論命，胎元雖似不如古時論命那麼重要。但是往往我們在八字中配用『喜用神』，仍可看到『胎元』可救濟本命或危害本命的實例。**例如日主庚金（出生日之干）生於午月**，四柱無水，火土當旺，必須以水為用神，推其胎元中有乙酉（納音水）者，為命中有救，得一富命。

又如日主己土者，生於二月，己土為陰濕之土，若四柱無丙火溫暖，而不能生萬物，命格自然窮困低賤。若追溯其胎元為『丙午』者，可以煞生土，就可成大貴之命格了。因此我們若能在為子女選用命格時，在預設的八字中，更能注意到本命中的胎元部分，就更能掌握到喜用神的配置，和人在行運中的利與弊了。

『好命格』的第九要件：出生時辰必須準確，且要注意出生地的問題。

出生時辰必須準確，其實應列入第一要件的，因為出生時不準確，多一秒，少一秒，其實都會進入其他的命宮，而造成命格不實的問題。

有些人的子女是生在兩個時辰交界之時，當以醫生接生時所訂下的時間為準。曾有父母為差了五分鐘，而下一個宮位坐命較好，而故意將出生時辰晚報，如此的情況時有所聞。命宮不一樣，其人的長相就不一樣，一生的運程也不一樣，這樣的父母常常會埋怨論命者不準，而真正不準確，有自欺欺人心態的卻是這類的父母了！實際上這又瞞得了誰呢？小孩子長大後，心性和原先所報時辰排出的命格不同，即是此證了。

另外要談的是出生地的問題

通常在地理環境與氣候上，愈往北方是金水之力愈強，而火土之力愈弱的。

愈往南邊，是火土之力愈強，而金水之力愈弱的。倘若一個人是命中以金水為用神，而生在台灣、香港、東南亞等熱帶地區，是無法增貴的。此人若到北方則大貴，在南方只能主富，亦或是命中的水被火熬乾，而無發展。

倘若一個人的命中是火木通明格局者，生於南方則大貴，生於北方則運蹇。因此我們常可以發現，在台灣這個地區，有官貴可以做官的人，多以命中有木火居旺，再加以行木火運（在東南方及南方）的人為主了。在中國大陸的政治領導者的命格中，則多以金、水居旺，再行金水運為主了。

並且台灣本身屬木火之鄉，主富。台灣老百姓生活較富裕是顯而易見的事實。因此，生長在台灣的人就是正行木火運了。若命格中又以木火為用神的人，就是真神得用，是必然會富貴的了。由此可見，做父母的人若要為子女選取出生時辰，就要以其人生長的環境來作考量。**小孩會在南方生長的，就替他選用以木火為用神的八字命格。若小孩會在大陸北方及美國、加拿大地區生長的，就為他選用金水為用神的命格**。這樣才會為他助運、助命，一生順遂！

第五章　生辰八字第一柱
年干支的超強影響力

在每個人的命格中，會因出生年份的不同，其祿星及四化星會產生變化，而形成不同的命運。羊陀二煞也在不同的方位沖剋。對人的命運造成結構上決定性的影響。

在命理學中，年干為出生年干支的上面一個字，如甲午年、丙戌年，其年干就是甲和丙。年干支通常代表著出生年，也代表著祖上、父母的蔭福。出生年干支在八字四柱中居首，其與其他月干支、日干支、時干支相合者為吉，可得到祖上、父母的餘蔭。其人與父母輩的關係較

生辰八字一把罩

好。我們在排出其命盤時，也可發現其人的父母宮都為吉星。相對的，出生年干支和四柱上的其他干支有沖剋時，我們在其人的紫微命盤中也同樣會發現有沖剋現象。

此外，我們在紫微命理中，在安干系諸星時，也會因年干的不同而在命格中有祿存、擎羊、陀羅、化祿、化權、化科、化忌、天魁、天鉞等星的排列組合，而製造了人生命中的吉祥與不幸。年干有十個，就是甲、乙、丙、丁、戊、己、庚、辛、壬、癸。

通常我們在為子女選用命格及八字時，要注意那些和年干有關係的問題呢？

現在我就以每一個年份依次來分析：

『甲年生人』年干的影響

甲年中有『祿存』在寅宮。命宮在『寅』宮的話，命中有『祿存』當然主富。但是有『擎羊』在卯宮，『陀羅』在丑宮。『命宮在寅』的話，就有『羊陀相夾』的問題。倘若『命坐寅宮』又是『陽巨坐命』的人，因甲年有『太陽化忌』，此即形成『羊陀夾忌』的惡格，非常險惡。行運於寅宮、申宮都會遇難。縱然命宮不是『陽巨坐命』的人，而命盤是『紫微在巳』命盤格局，而又生在甲年的人也同樣會遭遇不測！高雄縣議員林滴娟小姐、星象學家陳靖怡小姐皆是此命盤格式，又是生於甲辰年之人，於流月、大運中行運於寅宮而遇害。

因此甲年生的人，最忌諱『紫微在巳』、『紫微在亥』命盤格式的

人，必須要小心為是。

同時甲年中的『太陽化忌』，也不利於『陽梁昌祿』格，會製造破格。若太陽在命盤中居陷時，更為不利。多製造是非、不順，毀壞前程。

甲年生之人，尤其不可是『太陽坐命』之人，逢化忌入命，一生運蹇，是非口舌，多入牢獄，一生無成就可言。

甲年生有『廉貞化祿』，則有利於『廉貞坐命』的人、『廉府坐命』的人、『廉殺坐命』的人、『廉破坐命』的人、『廉相坐命』的人，可增加人緣桃花及財祿。『廉貞坐命』的人因寅宮中會有『祿存』出現，而命格中會有『雙祿』的命格而主富。而『廉相坐命』的人因對宮破軍亦遇化權，而能主掌財經，做財經官員，地位頗高。甲年生有『破軍化權』，有利於『破軍坐命』的人、『紫相坐命』的人、『武相坐命』的人、『廉相坐命』的人、『廉破坐命』的人、『武破坐命』的人、『紫破坐命』的人、『天相坐命』的人等等，因『破軍化權』不是在命宮，就是在對宮相照，會增加其人刻苦耐勞，奮鬥的決心與力量，不到成功，決不放手。因此一定會成功。

甲年生有『武曲化科』，有利於『武曲坐命』的人、『貪狼坐命』的人、『武府坐命』的人、『武相坐命』的人（此人對宮有破軍化權相照）、『武破坐命』的人、『武殺坐命』的人、『天相坐命』的人、『天府坐命』的人、『武貪坐命』的人等等，會增加其人的氣質溫文，並可增加其人的辦事能力。

但是甲年生又會有擎羊星在卯宮，因此不利『陽梁坐命』的人、『武殺坐命』的人、『天府坐命卯宮』的人、『太陰坐命卯宮』的人、『紫貪坐命』的人、『機巨坐命』的人、『天相坐命卯宮』的人、天同坐命卯宮』

的人、『廉破坐命』的人。有『擎羊在卯宮入命』的人，因『擎羊居陷』，只會為其人帶來傷災、血光、不順，並且為人陰險毒辣。倘若同宮有吉星相輔，亦是深謀多慮，勞苦心志，一生勞碌之命。

甲年有『陀羅』在丑宮的人，若『命、財、官』中任何一宮適逢丑宮，都有牙齒及骨骼的傷災，且多金錢不順，思想扭曲，遇事不清之狀況，值得深思！

『乙年生人』年干的影響

乙年中有祿存在卯宮。命宮居『卯』宮的人主富。此命中尤以乙年有『天機化祿』，而『機巨坐命卯、酉宮』的人，會從軍職或異軍突起之狀而富貴。

而乙年中，『擎羊』在辰、『陀羅』在寅，此年又有『太陰化忌』。則以『太陰坐命卯宮』的人，有『羊陀夾忌』的惡格，最為不吉，此命不可取。此外『太陰坐命酉宮』及『天同坐命卯、酉宮』的命格，也都如同上述為『羊陀夾忌』的問題而不可取。其實真正在乙年是連『紫微在寅』、『紫微在申』兩個命盤格式都不可取。因為縱然『羊陀夾忌』的惡格不在命宮中而在命格中，都是為禍不輕的狀況，因此都不該取！

此外，乙年中『太陰化忌』還影響到『機陰坐命』的人、『日月坐命』的人、『同陰坐命』的人，都會是一生波折、是非多的境遇。

乙年生的人有『天機化祿』、『天梁化權』、『紫微化科』。最利於『機梁坐命』的人。走官途，會貴於幕府。也利於『天機坐命丑、未宮』的人和『天梁坐命丑、未宮』的人。但是『天梁居陷』的人是不適合有化權的，會形成頑固、自以為是的思想，並無助於人生的開創命運。

『紫微化科』利於『紫微坐命』的人、『紫相坐命』的人、『紫貪坐命』的人、『紫殺坐命』的人、『紫破坐命』的人，使其人會傾向溫和、文雅的氣質，並且頭腦思路清晰，做事很有條理。

乙年有『擎羊』在辰宮，不利『紫微在寅』、『紫微在申』命盤格式的人，會讓其人的暴發運成為破格而不發作，非常可惜！『擎羊』如果在人的『命、財、官』三方及遷移宮時，也會讓其人有深謀多慮、陰險的智謀，但對於一生的運程還是有傷害的。

乙年有『陀羅』在寅宮。不利於『機陰坐命寅宮』的人（命宮裡同時有『太陰化忌』）、『破軍坐命寅宮』的人、『貪狼坐命寅宮』的人、『七殺坐命寅宮』的人、『廉貞坐命寅宮』的人。因為命宮中煞星太多為不吉論，影響一生的命格與運途。

『丙年生人』年干的影響

丙年中有『祿存』在巳宮，而又命宮居『巳宮』的人，主富。此命尤以『天同坐命巳宮』的人最富。因丙年有『天同化祿』，天同在巳宮又為居旺，又有雙祿使然。其次是『太陽、祿存坐命巳宮』的人，有官貴，亦主富。

丙年中『擎羊』在午宮，『陀羅』在辰宮，又有『廉貞化忌』。因此『廉貪坐命』巳宮的人為具有『羊陀化忌』的惡格，逢流年運程不佳，即死於非命。此外尚有『廉相坐命』的人，生於丙年，『化忌與擎羊』同在午宮，不但是『刑囚夾印』之格，亦屬非命之格。

丙年生因有『廉貞化忌』，因此『廉貞坐命』、『廉府坐命』、

『廉殺坐命』、『廉貪坐命』、『廉相坐命』、『破軍坐命子、午宮』、『天府坐命丑、未宮』、『貪狼坐命寅、申宮』、『七殺坐命辰、戌宮』等命格，最好都不取。因『廉貞化忌』不是在命宮，就是在對宮相照，實在不吉，一生多官司糾纏，為人也是非顛倒、頭腦不清，身體也多血光及血液的病變。

丙年生有『天同化祿』、『天機化權』、『文昌化科』，最有利於『紫微在卯』及『紫微在酉』命盤格式的人，可形成強有力的『陽梁昌祿』格。也有利於『紫微在巳』、『紫微在亥』命盤格式的人之『機月同梁』格，在暴發運之外，能有固定的職業、薪水以穩定生活。

丙年擎羊在午，若命宮為『擎羊』，而對宮有『同陰相照』的人，為『馬頭帶箭』格，從軍警職可任高官，在司法界亦能任法官有所作為。法務部長城仲模即是此命格的人。

丙年不適合：『七殺坐命午宮』的人、『貪狼坐命午宮』的人、『巨門坐命午宮』的人、『破軍坐命午宮』的人、『太陽坐命子、午宮』的人、以及『紫微坐命子、午宮』的人。會有性格太凶悍，或是用腦過度、心胸不開朗等狀況，太陽逢擎羊星在命宮或相照，都容易造成心情鬱悶，容易有自殺傾向。

丙年生有『陀羅』在辰宮，不適合『紫微在寅』與『紫微在申』命盤格式的人，會把他們命格中的暴發運格破壞，形成破格而不發。此外『命、財、官』也不適合逢到『陀羅星』，否則一生財運不順，運氣也不好。

『丁年生人』年干的影響

丁年中有『祿存』在午宮，而又命宮中有吉星居午宮的人主富。此命尤以『同陰坐命子宮』的人最富。因為其人有『太陰化祿』在命宮，對宮又有『祿存相照』，為『雙祿格局』。並且命宮中尚有天同化權，是富貴同高的格局。

丁年中，『擎羊』在未宮，『陀羅』在巳宮，夾午宮，而丁年生有『巨門化忌』，命宮為『巨門化忌』坐命午宮的人，具有『羊陀化忌』的惡格。有死於非命之嫌。而命坐子宮為『巨門化忌』坐命的人，也要小心，因有相照的關係，同樣不吉。

丁年生因有『巨門化忌』，同時影響到所有命宮中有『巨門星』的人，無論機巨坐命、陽巨坐命、同巨坐命皆不吉。

丁年生因有『太陰化祿』、『天同化權』、『天機化科』，有利於機陰坐命的人、同陰坐命的人、同梁坐命的人、日月坐命的人、天同坐命的人等等。

『天機坐命子、午宮』的人，因對宮有『巨門化忌』，故不可選取此命，否則一生是非不斷，其人也並不會有多大出息。

丁年有『擎羊』在未，會影響『紫微在巳』、『紫微在亥』兩個命盤格局的人的暴發運不發，比較可惜。倘若命坐未宮，而命宮主星居陷，或是煞星坐命再加『擎羊』，都是不吉之事，一生傷災多，不順。就算是『天相』福星在未宮遇『擎羊』同坐命宮，福星被剋，一生勞碌、傷災多，其人也陰險不正。丁年有『陀羅』在巳宮，若巳宮臨『命、財、官』中之任何一宮，皆為不吉，財運不順，事業蹉跎，命格不高。

『戊年生人』年干的影響

戊年中有『祿存』在巳宮，而命宮又是吉星居旺居巳宮的人，主富。戊年有『貪狼化祿』，而『廉貪坐命巳宮』的人，為命中具有雙祿，雖主富，富亦不大，命格也不高。因廉貪在巳宮居陷的關係。其人只會更增油滑貪財之性格而已。此命最好不選用。

戊年中『擎羊』在午，『陀羅』在辰，有『天機化忌』。因此『天機坐命巳宮』的人為有『羊陀夾忌』惡格的人，必須小心。另外整個『紫微在午』命盤格式的人，生在戊年，都是能形成『羊陀夾忌』，也是必須避開的。

戊年有『貪狼化祿』，不但利於所有具有暴發運格的人，也利於每一個命盤格式的人。不但會為大家帶來人緣、財緣、以及眾多的好運，就算是貪狼在巳、亥宮居陷位的人，也會得利不少。戊年有『太陰化權』，太陰居旺位時，化權最有利，不但能掌管錢財，賺錢有一套，而且生財有道，又會儲蓄，並且在女人的團體中深具影響力，可以領導她們。

戊年有『天機化忌』在命宮的人最為不吉。若再加之命宮在丑、未、巳、亥宮居陷，則更不吉。一生多沉浮，奔波勞碌，生活不安定，也不聚財，且多是非、困難，災禍連連。

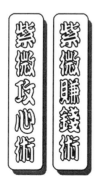

『己年生人』年干的影響

己年中有『祿存』在午宮，而命宮為吉星居旺在午宮的人主富。

己年生有『武曲化祿』、『貪狼化權』，命格為『紫微在寅』、『紫微在申』兩個命盤格式的人，都有極大極旺的暴發運，在事業及人生的格局上，都會創造出駭人的力量。此運能創造政治人物、將領、大企業老闆，是不可多得的好命格之人。前行政院長郝柏村先生便是『武曲化祿』坐命辰宮，並有『貪狼化權』相照的人。另外『紫微在巳』、『紫微在亥』兩個命盤格式的人，因『武曲化祿』、『貪狼化權』所形成的超級暴發運，因未宮有『擎羊星』而成破格，因此暴發力量會受到傷害而變小。

己年生因有『擎羊』在未宮，『陀羅』在巳宮，而有『文曲化忌』。倘若『文曲化忌』居於午宮的話，縱有『祿存』，也無以為救，仍然形成『羊陀夾忌』的惡格，流年、流月逢到仍是會傷身害命的，因此己年生的人最不可選『寅時』出生，以防不測！

己年的『武曲化祿』及『貪狼化權』還利於『紫微在子』、『紫微在午』、『紫微在辰』、『紫微在戌』四個命盤格式的人。會讓他們在財祿上多得，在風雲際會，在機運上也有強有力的推展而掌握權力地位。

『庚年生人』年干的影響

庚年中『祿存』在申宮，凡是命坐申宮的人都有福了。命宮中尚有其他吉星的人更富。命宮主星居陷的人，也會稍有財運，一生衣食不愁。

庚年有『太陽化祿』，『陽巨坐命』寅宮的人，太陽化祿居旺，再加對宮有祿存相照，為『雙祿格局』，一生富裕，命格較高。**『陽巨坐命』申宮的人**，雖也有『雙祿格局』，但因太陽不居旺地，而只富裕，一生命格不高。庚年生因有『太陽化祿』，凡是命格中有『陽梁昌祿』格的人，會得到更大的利益。此年也是最容易出生具有『陽梁昌祿』格的人了。

庚年生有『武曲化權』，利於『紫微在寅』、『紫微在申』命盤格式的人。同時也因為這兩個命盤格式的人，會同時具有極強的暴發運格與『陽梁昌祿』格，會成為大企業主，以及事業、命格皆高的人，一生的運程也比一般人順利。

庚年中值得爭議的地方是：到底是『天同化忌』呢？還是『太陰化忌』呢？天同是福星，可克服一切的不順及障礙，基本上福星是不會遇到忌星的，因此我認為是『太陰化忌』。事實上，在我論命生涯中，也發現到庚年生的人因有『太陰化忌』之結果，是與女性不合的，並且易遭女性的是非困擾。命坐亥宮為『太陰化忌』的人，稱做『變景』。化忌在亥宮（水宮）化忌不忌，因此化忌對『太陰坐命亥宮』的人，是影響不大，不明顯的狀況。

但是因為庚年『擎羊』在酉，『陀羅』在未，若是機陰坐命申宮的人，命中有『羊陀夾忌』的惡格時，此命就不佳了，可能小時就養不大，或命不長了。機陰坐命寅宮者亦然。

『辛年生人』年干的影響

辛年中『祿存』在酉宮。辛年又有『巨門化祿』。機巨坐命卯、酉宮的人，會具有『雙祿』的命格，可從事軍警官職，官高職大而得財。也可以從事研究、教書而致富，最有錢。其他如『巨門化祿』坐命，及『陽巨坐命』的人，也都有口才之利，用口才賺錢的本領。

辛年生有『太陽化權』，有『日月共明』格局的人，最為有利。倘若『陽梁昌祿』格又正坐在『太陽化權』的宮位上，更是增其權力、地位，貴不可言的地位了。

辛年生有『文昌化忌』，倘若『文昌』在酉宮，而戌宮有『擎羊』，申宮有『陀羅』，亦會形成『羊陀夾忌』的惡格。因辛年生的人，最不可生在『丑時』，否則會有傷身害命之災。雖命宮有祿存也無以為救了。辛年生因有『文昌化忌』，因此在『陽梁昌祿』格上也會受到傷害，而使格局成為破格而不全。這是十分可惜的事。

『壬年生人』年干的影響

壬年中『祿存』在亥宮，『太陰坐命』在亥宮，或『天府坐命』亥宮的人主富。

壬年中有『天梁化祿』。天梁在亥宮居陷。壬年雖有天梁坐命亥宮的人，命中有『雙祿格局』，其財富雖不少，但只會安享，沒有什麼事業發展。

壬年中有『紫微化權』，有利於每一個命盤格式的人，都能再行運中遇到無比強大的、具有主導力量的好運機會。學子可用此運來參加考試，必會考得好學校與好成績。欲升官、發財、開展事業的人，也可利用此運來開創人生格局。

壬年中有『武曲化忌』，這是所有壬年生的人，最痛苦的一件事了。武曲財星逢化忌，財運不順，金錢是非困擾多。『武曲化忌』且會影響到『紫微在寅』、『紫微在申』、『紫微在巳』、『紫微在亥』四個命盤格式的人的暴發運格，使其不發，或暴發後夾雜著金錢問題，令人焦頭爛額，倒不如不發了。

壬年的『擎羊』在子宮，『陀羅』在戌宮。『紫微在卯』、『紫微在酉』命盤格式的人，都會有『羊陀夾忌』的惡格，因此這兩個命盤格式在壬年是最好不能選用的。

『癸年生人』年干的影響

癸年中有『祿存』在子宮。癸年有『破軍化祿』，因此『破軍坐命』子、午宮的人，命格中有『雙祿格局』，其人較富。其人會在商場上奮鬥，而富甲一方。

癸年有『巨門化權』，命宮中有『巨門化權』的人，為做政治人物、民意代表最具有先天有利的條件。他們在為人排解紛爭上也會最具權威，並且其人也是言論最具煽動性的人物。做推銷員、銷售房屋、汽車等貴重物品，也是輕鬆應付的事。

癸年最可怕的是『貪狼化忌』，這不但會影響到具有『武貪格』暴發運的人，暴發運不發，或者是暴發後同時又帶來災禍，得不償失。因癸年的『擎羊』在丑宮，『陀羅』在亥宮，因此貪狼化忌坐命子宮的人，會有『羊陀夾忌』的惡格。『貪狼化忌』在午宮，丑、亥宮有羊陀也算。故『紫微在子』、『紫微在午』兩個命盤格式的人，是不可選在癸年出生的人，否則也是招災而有性命之憂了。

綜觀上述因年干問題所產生的惡格中，以『羊陀夾忌』最凶，命宮中有羊陀者次之。財、官中有羊陀者更次之。因此我們在為子女選用命格時，應特別注意年干所產生的劫殺問題，哪一年不能選用哪個命盤格式，是有一定道理在的，請選用命格者要特別注意！

第六章　生辰八字第二、三、四柱干支的超強影響力

月、日、時等的干支，在人命格中分別帶有多項意義，神煞也在其中，必須小心參詳才好。

第一節　八字第二柱『月干支』對人生的影響

在命理學中，強調八字，欲尋找『用神』的，皆以日元為主，即是以日干為主，再配合月令而成體性，查看其所需要之物（五行宜忌），

而能知其用神。因此在八字學中是極重日干支與月干支的。

在斗數中，是以月支和時支來形成命宮，也就是運用生月和生時來排出命宮，然後再根據五行局定出命理格式出來，命格就自然形成了。**因此在斗數中，『月』和『時』是同樣重要，年和日也是非常重要的。**

月系諸星對命格的影響

月系諸星對人命格中影響力較大的，有左輔、右弼兩顆輔星。有天刑、陰煞兩顆刑星與煞星，還有天姚桃花星，與天馬這顆驛星。（如圖）

星級	甲		乙			
本生月 \ 諸星	左輔	右弼	天刑	天姚	天馬	陰煞
正月	辰	戌	酉	丑	申	寅
二月	巳	酉	戌	寅	巳	子
三月	午	申	亥	卯	寅	戌
四月	未	未	子	辰	亥	申
五月	申	午	丑	巳	申	午
六月	酉	巳	寅	午	巳	辰
七月	戌	辰	卯	未	寅	寅
八月	亥	卯	辰	申	亥	子
九月	子	寅	巳	酉	申	戌
十月	丑	丑	午	戌	巳	申
十一月	寅	子	未	亥	寅	午
十二月	卯	亥	申	子	亥	辰

『左輔、右弼』對人的影響

左輔、右弼為輔星，在人命格中相夾、相拱都是主貴的格局，一生中多有貴人從旁相助，在事業與人生運途中也會有得利的助手及下屬，助其完成功業。

但是左輔、右弼二星本性善良，助善、助貴、也助惡。倘若其人命宮中的主星是吉星居旺的人，其助善、助貴的助力非常大，使其人在官途事業中可位居一品之位。若命宮主星為七殺、破軍者，若再有左輔、右弼、同宮或左右相夾、相拱，其命格則如同有雙煞居於命宮一般，為人較惡質，且助惡不助善了。

在正月裡出生的人，命宮又坐辰、戌宮的人，會有左輔、右弼在命宮，及另一星在對宮相照，可成助命助運的命格。

在二月裡，左輔在巳宮，右弼在酉宮，左、右會在人命盤中的三合宮位中出現，倘若此三合宮位，正是『命、財、官』三合宮，這是非常吉利的，證明其有天賜貴人，可得財祿、命福。

在三月裡，左輔在午，右弼在申，若命宮恰好在未宮的人，可得左右相夾、相拱之佳格。例如命坐未宮為空宮的人，生在三月，有左右相拱，對宮有同巨相照的人，為『明珠出海』格主貴。至於其他生於三月，命坐未宮的人，也一樣能得到左右的輔助，增其命格之貴。

在四月裡，左輔、右弼同臨未宮，倘若坐命未宮的人，因此，更增其人在天命上的輔助力量，但要注意的是：命宮主星一定要是吉星居旺的格局才行。倘若命宮中是武貪坐命的人，可更增其暴發運的速度與暴發力量，錢財與官位、事業是銳不可當的。

在五月裡，左輔在申，右弼在午，亦是相夾未宮的局面。此命格與三月同，命坐未宮的人，主貴得利。

在六月裡，左輔在酉，右弼在巳，成三合宮位，必須『命、財、官』三合宮位中之一宮臨酉、巳才能在事業、財運上得利。

生辰八字一把罩

在七月裡，左輔在戌，右弼在辰，命宮必須在辰宮或戌宮坐命的人，才會得到左、右相扶持的力量。

在八月裡，左輔在亥，右弼在卯，此亦呈三合宮位相照。必須『命、財、官』三合臨亥、卯宮才可得得到輔助。

在九月裡，左輔在子，右弼在寅，夾丑宮。命坐丑宮的人，可得左右相夾、相拱的助貴力量。而命坐未宮為空宮，生於九月，有左輔右弼在子、寅，相夾丑宮者，亦為『明珠出海』格。有貴運。

在十月，左輔右弼同臨丑宮，命坐丑宮、未宮的人，皆有左右同宮或相照的輔助力量，具有領導力。

在十一月，左輔在寅，右弼在子，相夾丑宮，此格與九月同，命宮在丑宮的人，主貴。

在十二月，左輔在卯，右弼在亥，呈三合宮鼎立，『命、財、官』在亥、卯、未三合宮位的人，主貴，有貴人助，有佳運。

『天刑、陰煞』對人的影響

天刑為天上責罰之星，入人之命宮，其人會臉色較青黯，為人嚴肅沉默，心胸煩悶，鬱卒，有自我刑剋，為不吉。古代命書上說，有天刑入命的人，自刑，早夭，宜僧道。天刑入命者，身體多半有毛病。

陰煞為陰間之煞，在陽間為小人。陰煞入命的人，容易犯小人，也容易招陰鬼，一生不順暢。我們在為子女選用命格時，尤其要注意不要讓天刑及陰煞入『命、財、官』三宮位，以防一生命運遭到刑剋及小人迫害，錢財不順，以及事業受到戕害等問題。

『天馬、天姚』對人的影響

『天馬』是驛馬星，主驛動與財祿，古人以馬為財，因此『天馬』亦稱財馬。

『天馬星』只會出現在寅、申、巳、亥四個宮位。因此四宮位乃是四馬之地，較奔波動盪。人命坐於寅、申、巳、亥四個宮位的人，命中也主財，但是勞碌的財，他們必會從事變動性大，東奔西跑的行業的，例如常調防的軍警人員、常進出國內外奔波的旅行業者、貿易商、學者等等。『天馬』遇紫府為扶輿馬。遇祿存為祿馬。遇太陽，主貴，為貴馬。遇太陰主財，為財馬。遇武曲、天相為財印坐馬，大吉。

『天馬』不可遇陀羅，為折足馬。遇火星為戰馬，會犧牲沙場。遇破軍，為破馬。遇天姚，為愛奢侈之馬。遇貪狼，為桃花馬，皆屬不佳。

『天馬』遇吉星、財星，為『祿馬交馳』，主吉。『天馬』遇煞星、桃花星主破財，主凶。這是各位必須注意的事。

『天姚』為桃花星，亦主學術、文采、藝術與感性，尤其是在卯、酉、戌、亥宮與命宮同宮時，其人必定風流倜儻，且學問淵博，有藝術修養之人，但在其他的宮位，就沒有這種特性了。

『天姚』，好淫，主虛榮心，風騷，早熟，忌入人之身宮、命宮、福德宮。入人之命宮，其人人緣好，桃花強，為人幽默討喜，油滑，反應快，機智能力好。命宮中若再有煞星存在的人，易生桃花糾紛，誹聞很多。並且虛榮心強，喜愛玩樂與表現自己。

一般人都喜歡桃花星入財帛宮，以為會增加財祿，其實不然。就像『天姚』這顆桃花星，入財帛宮時，是易花天酒地，好賭博，有不正當收入的人，算是不吉。

『天姚』最怕遇天馬、破軍、貪狼、紅鸞、天相、七殺、廉貪、紫貪、同梁在巳、亥宮與『天姚』相遇，皆主因桃花邪淫而傷害自己一生的運程與命格。嚴重的，甚至傷身害命，這是不可不察的。

另外『天姚』在酉宮雖居廟旺之位，但是申、子、辰年生，年干又為庚、辛者，最忌諱水年、水運與金年、金運了。會有『咸池陽刃』的惡局，遭強暴殺害，是為『桃花劫煞』，不可不防。

第二節　八字第三柱『日干支』對人生的影響

在八字中，日干支就是出生日當天的干支，通常我們以此日干支來排定人命，並以日干為日主。例如甲日生的人為甲木，庚日生的人為庚金。以日主分出五行，再看其出生月份與日主之間的生剋關係，就可找出此人的喜用神，來幫助其命格的發展，使其壯大、順利。普通每個人的日干支在命理上也代表著很多意義的。由日干支本身所代表的意義，再配合生**月時令的合宜、不合宜，**就可知道此人的命格高不高？有錢？沒錢了！

日干支的意義

『甲木類』

甲子：為水邊衰敗之木，必須四柱有土，（年柱、月柱、日柱要有辰、戌、丑、未）才能固定根基，再行品論命格。若是子、午、卯、酉，必是運乖時蹇。

甲寅：為碩果品高之木。必須有人看守，四柱要有庚金為佳。

甲辰：為鬱濕水松之木。喜丙火、庚金可助運。

甲午：為工匠運用之木。一定要用工具削鋸，才能成棟樑。四柱要有『辰』、有『亥』字為吉。

甲申：為砍斷落水之木。四柱必須癸水為佳。

甲戌：為厚土種植松杉之木。必須四柱要厚土栽培，四柱要有辰、戌、丑、未不可少。

『乙木類』

乙丑：為沾泥初生之木。四柱要火、土溫暖，春季三月較佳。

乙卯：為稷黍秀實之木。命格中有財、印（官祿）、食祿。但忌諱四柱有酉沖子刑、甲劫辰害。四柱中有酉、子、甲、辰皆不行。

乙巳：為藤蘿施架之木。最喜四柱有『寅』、『亥』，富貴不凡。

乙酉：為盆花奇香之木。最怕四柱有『午』或『亥』來刑破。

乙亥：為古木上寄生之木。此命人多晚生，而且是庶出。四柱忌甲木巳土。

『丙火類』

丙子：為沐浴咸池。夜間出生的人，八字中多申、辰、亥、丑為上格。白日出生的人，命中多寅、卯、巳、午、未為有用。

丙寅：為日升暘谷。白日生人，八字中再有『午』字為上格。夜生人，八字中須有『亥』字為上格，忌諱『申字』。

丙辰：為日經天羅。氣息有一番呆滯。四柱天干必須多陽干，四支地支必須有『申』、『子』才能為上格。

丙午：為日麗中天。必須得左右相輔，金水相扶（四柱要有庚辛金與亥子水）才能為上格。

丙申：為日照崑崙。太陽西下之狀，雖榮不久。

丙戌：為日入地網。白日生人四柱需『寅』、『午』。夜間生人，四柱需『亥』、『子』。

『丁火類』

丁丑：為鑽激之火花。其人四柱必須有『甲』、『庚』。忌『辰』、『丑』。

丁卯：為木屑香煙。其人四柱，必須有壬有癸。

丁巳：為星星之火。其人四柱，必須有乙巳、丙午、丁未。忌見壬申、辛酉。

丁未：為灰燼香煙。命中宜四柱多土，主人聰明有傲骨，愈晚愈佳。

丁酉：為琉璃燈光。命中喜壬水、乙木在四柱。忌甲木、癸水剋害，與午卯相刑。

丁亥：為風前秉燭。喜命中天干有庚、壬。忌有『甲』字相沖。

『戊土類』

戊子：為蒙山。其意為山下有空響之泉。

戊寅：為艮山。長生趨艮為吉。四柱忌見『申』字。

戊辰：為蟹泉吐穎之山。淺水長流山不枯，此命多財。但忌見四柱有『戌』、『未』二字，會大傷元氣。

戊午：為火山。必須四柱有水，有壬、癸出干為佳。

戊申：為石多之土山。四柱忌丙火，喜『甲』、『庚』、『壬』三字在四柱天干之上。

戊戌：為魁罡演武之山。此命氣勢壯大，化煞為權。忌八字中水多及有『辰』字相沖。

『己土類』

己丑：為多水的腴田，產量豐富的肥田。己逢丙火，無人不發，故八字四柱天干需丙、癸為佳。

己卯：為休囚之土，其地貧瘠，喜四柱有丙、丁二字。忌酉、子二字刑沖。

己巳：為山嶺上種稼穡之土。八字中宜見『丙』字，不宜水多。

己未：為剛入土之稼穡之土。如芋苗之類。八字中喜見丙、戊兩字。

己酉：為築牆稼穡之土。最喜四柱干支有丙寅，則富貴無涯。

己亥：為澤地稼穡之土。生長在溼地，喜歡八字中再有丙火出干則有富貴。

『庚金類』

庚子：為倒懸鐘罄。必須金空則響。八字四柱若有『午』、『未』二字可名聞四海。如有『丑』、『戌』則命蹇。

庚寅：為入冶爐錘。此為初鎔之金。四柱若有甲木、丙火，命可至貴。

庚辰：為水師將軍。此命不宜行木火、土重之運，有『戌』、『未』刑沖由惡。八字中宜有『酉』字，或戌寅資扶，可成氣侯。

庚午：為初冶之金。是剛煉好之鐵器，必須四柱有壬或癸來淬煉。若八字四柱，甲、丙過多，必主夭折。

庚申：為已煉成之劍戟寶劍。四柱若有子、辰、辛、壬、癸，其貴不可當。

庚戌：為陸路將軍。喜陽刃幫身。八字四柱忌申、子、辰、壬、癸等字。

『辛金類』

辛丑：為胎息之金。須陽和日光及沙水。八字四柱有己土者為佳命。

辛卯：為古木之精。八字四柱中必輔之戊子、戊戌，或有丙戌相扶，則命佳。

辛巳：為石中之璞玉。八字四柱需干上有壬、癸為佳。

辛未：為鎔土成金。八字四柱有壬，主富貴。四柱有『戊』字有福壽。

辛酉：為珍貴珠玉。辛祿在酉。需八字天干有壬、癸，四柱不能有甲、乙、丙、丁、庚等字為至貴之命。

辛亥：為水底珠玉。八字四柱地支有『寅』字為佳。八字四柱多戊、己二字者，為無用之人。

『壬水類』

壬子：為滂沱之大水。八字四柱中，需甲、丙、戊三字來調和。

壬寅：為雨露沙堤。此命主富。四柱中有庚辛，人命發達。有甲、乙二字者為武貴。忌丙火、戊土。

壬辰：為壬騎龍背。此命八字四柱需『亥』、『子』二字，更喜八字中有甲卯、庚寅。忌四柱見『戊』字。

壬午：為祿馬同鄉。要以八字中水與火的比例配置，彌補均勻的為富貴上品，否則為貧賤下格。

壬申：為水滿渠成之格。倘若此命生於秋季，或八字四柱有庚在月柱，富貴可至。此命忌四柱有『甲』、『戊』。

壬戌：為驟雨易晴。八字中有庚、壬二字者，一生會有奇遇。

『癸水類』

癸丑：為溝渠中含泥漿之水。八字中喜見乙卯、甲寅。喜見未在地支，不喜見『子』在地支，為吉。

癸卯：為林中澗泉。為慈祥灑脫之人，不類流俗。只怕八字中有戊、己二字混雜，使格局有傷。

癸巳：為高崗上所流下之水。此命是財官雙美的格局。喜四柱多甲、癸。忌四柱地支有『亥』相沖。

癸酉：為石孔流泉。此命多生長在名門世冑之家，並且是清俊文人。年柱、月柱、時柱必須有『甲』、『庚』二字，會有官貴。

癸未：為蜿蜒長流之水。此命多才智、權謀。喜四柱庚金、甲木在天干位，四柱地支有亥卯會局為顯達。

癸亥：為水天一色。四柱中有庚有亥，再有乙木，命格高，主貴。忌四柱有『巳』來刑沖，以及壬申來擾合，此為不美。

第三節　八字第四柱『時干支』對人生的影響

時辰，我們以時干支代表之。時干支的形成。同時也表達了一日中氣候的順序變化。

時干支，在人的命格上，主一個人的可用之財，以及本身所蘊藏的才華與運氣，亦主可幫助自己的力量。

時辰生的好，可創造許多格局，例如『陽梁昌祿』格、『火貪格』、『鈴貪格』。或是有雙重暴發運的『火貪格』、『鈴武貪』格等等。

在時系諸星中有關於文昌、文曲、火星、鈴星所組成之『陽梁昌祿』格、暴發運格，我在前面的文章中都有述及。因此不再重複。

現在來說天空、地劫在人命格中對人的影響。

『天空、地劫』

『天空』為上天空亡。在數管命主、身主之宿。**凡人之身、命宮若有天空星入宮**，多不吉，易夭折。『天空』坐命的人，是逢吉不吉，逢凶不凶的人。因凶煞遇空亡亦成空。

『天空』坐命酉宮，有陽梁在卯宮相照的人，為『萬里無雲』格。有聖賢的胸懷，大公無私的精神。國父孫中山先生便是天空獨坐命酉宮，而有陽梁相照的人。此命為外觀雖有富貴，但終究是一場空。

『地劫』是上天劫煞之神。入人之命宮，一生多漂泊勞碌，性格頑劣，做事疏狂，無法好好教養。本命中劫財甚多，且幼年不好養，易生病。有吉星居廟地同宮坐命的人，禍輕。有煞星同宮坐命，則煞重、孤寒、夭折。

在我命相生涯中發現，最多『天空、地劫』坐命的人，是坐命於巳、亥宮的人，並有廉貪居陷相照，一生面目可憎，人緣不好，邪佞無行，不行正道。因此在子時和午時生的人，尤其要小心選擇命盤格式，若又選用『紫微在丑』、『紫微在未』兩個命盤格式的人，命宮又居巳、亥宮的話，則必然會逢到上述的現象。

另外『天空』、『地劫』也不可存在於財帛宮、官祿宮、福德宮、夫妻宮之中。不然不是財運困難，命中缺財，財的來源不好。就是沒有工作機會和晚婚、不婚、結不成婚的孤獨之命。就人生中多了一層缺憾。

綜觀上述各種狀況，為人父母的人，在為子女的生辰八字把關時，是可以字字斟酌，字字留意小心的。有興趣的讀者更可以參考古代名人的命盤及八字，來作為參考。不過仍要考慮時代的不同，上、中、下三元的氣數仍有不同，也會造成人命格之高低關係。

下列就是時系諸星的表格：

星級	甲		甲								乙	
本生年支			寅午戌		申子辰		巳酉丑		亥卯未			
本生時＼諸星	文昌	文曲	火星	鈴星	火星	鈴星	火星	鈴星	火星	鈴星	地劫	天空
子	戌	辰	丑	卯	寅	戌	卯	戌	酉	戌	亥	亥
丑	酉	巳	寅	辰	卯	亥	辰	亥	戌	亥	子	戌
寅	申	午	卯	巳	辰	子	巳	子	亥	子	丑	酉
卯	未	未	辰	午	巳	丑	午	丑	子	丑	寅	申
辰	午	申	巳	未	午	寅	未	寅	丑	寅	卯	未
巳	巳	酉	午	申	未	卯	申	卯	寅	卯	辰	午
午	辰	戌	未	酉	申	辰	酉	辰	卯	辰	巳	巳
未	卯	亥	申	戌	酉	巳	戌	巳	辰	巳	午	辰
申	寅	子	酉	亥	戌	午	亥	午	巳	午	未	卯
酉	丑	丑	戌	子	亥	未	子	未	午	未	申	寅
戌	子	寅	亥	丑	子	申	丑	申	未	申	酉	丑
亥	亥	卯	子	寅	丑	酉	寅	酉	申	酉	戌	子

第七章　掌握住優質命格的特性，就真能生辰八字一把罩

前面六章敘述了為子女找命格、找時辰的點點滴滴。你一定會覺得好麻煩，好難啊！其實你不必煩，也不會難。很多人會說：『何必這麼麻煩呢？請命相師找一個就算了！』

但是你又怎麼能確定別人幫你找的日子、時辰就是好時辰呢？自己不懂、一切聽天由命，花錢事小，命格走了樣事大。況且在八字中尚有無數的神煞星曜是必須處處小心避過的，到底幫你排時辰、排八字干支的人完全注意到了沒有？

因此我覺得求人不如求己，至少你幫自己的子女來排八字，這也是

生辰八字一把罩

一個因緣。不管你的顧慮有多少？至少用過自己的智慧，投下了自己的心力，你和這個自己排命盤的嬰孩子女之間已全然產生了不解的緣份。這麼好的緣份是不是很值得珍惜呢？

現在還要恭喜你所擁有的創造力。一個新的美好的生命！一個全新、完美的生辰八字！一個家中新增的人口！一條長約百年，富貴雙至，奮發有為的命運生命體！正讓你期待、印證，難道你現在沒有感覺出自己簡直就是一個創造家嗎？

倘若你心中還有懷疑，關於替子女選取命格這件事，到底做不做的好？

那我現在就再教你一個笨方法好了！

那就是多演算一些時間，多排一些命盤格局，再一一的刪掉不好的格局，留下最優的命格格局就是了。

倘若你的小孩還沒懷孕，還沒生，現在你可以『計劃生育』了！或許你可以先排定一個好的生辰八字，或命盤格局，選好命格。再依次倒序回來，找出可以出生的年、月、日時。

你可以先決定是否要生『陽梁昌祿』格的小孩？也可以決定是否要生具有暴發運格的小孩。或者你兩個格局都要。就可以以前面我教你的法則，在年干（庚壬年最好）及時辰上找到最佳點。另外命盤格局也是要選用具有『暴發運』格的命盤格式才行。

另外再注意一下『咸池陽刃』、『羊陀夾忌』等惡格不要發生，以及羊陀、火鈴等煞星所處宮位的問題，這樣大致就沒有問題了。

有了這一次替自己子女選命格的經驗之後，我相信你對命理學有了更進一步，更深一層的內涵。你也會對自己創造及研究的心態大為佩服。

學海無涯，讓我在此與你共勉。希望我們能共同研究出創造出更多富貴人生、慈愛祥和世界裡的新人類。

時間決定命運

法雲居士⊙著

在人的一生中，時間是十分重要的關鍵點。好運的時間點發生好的事情。壞的時間點發生凶惡壞運的事情。天生好命的人也是出生在好運的時間點上。每一段運氣及每件事情，都常因『時間』的十字標的，與接合點不同，而有大吉大凶的轉變。

『時間』是一個巨大的轉輪，每一分每一秒都有其玄機存在！法雲居士再次利用紫微命理為你解開每種時間上的玄機之妙，好讓你可掌握人生中每一種好運關鍵時刻，永立於不敗之地！

投資煉金術

法雲居士⊙著

『投資煉金術』是現代人必看的投資策略的一本書。所有喜歡投資的人，無不是有一遠大致富的目標。想成為世界級的超級富豪。但到底要投資什麼產業才會真正成為能煉金發財的投資術呢？

實際上，做對行業、對準時機，找對門路，則無一不是『投資煉金術』的法寶竅門。法雲居士用紫微命理的角度，告訴你在你的命格中做什麼會發？做什麼會使你真正煉到真金！使你不必摸索，不必操煩，便能成功完成『投資煉金術』。